但馬日記

演劇は町を変えたか

但馬日記

演劇は町を変えたか

平田オリザ
Hirata Oriza

岩波書店

まえがき

深夜、大学の仕事を終えて帰宅する。

車をガレージに入れて、ふと空を眺めると北斗七星が間近に見える。星の輝きに一瞬、立ちすくむ。

朝、ガレージのシャッターを開け、ポストから新聞を取り出す。ゴミを出そうと庭先に出ると、近くの山の端に霞がかかって、幽玄な雰囲気を醸し出している。

私の書斎からは、蛇行する円山川と但馬の低山が見渡せる。運がよければ、コウノトリを観ることも出来る。

好天の初夏にはベランダにベンチを出してビールを飲みながら読書をする。冬、雪がふれば川縁の堰堤を子どもとそりで滑り降りる。


但馬・豊岡の地に移住をして三年半が過ぎた。いや、まだ三年半なのだが、もう一〇年もこの地に暮らしているかのような気持ちになっている。それだけ、この三年半は濃密な時間だった。

還暦を前にして、これだけの濃い時間を過ごせたことは作家としては幸運なことだったと思う。

これは移住の前後から、豊岡演劇祭の開催、そして芸術文化観光専門職大学の開学へと向かう三年半の記録である。

主には当時、雑誌『世界』に連載していた文章を加筆修正したものだが、終章は新たに書き下ろした。連載を前提にした、まさに「日記」なので時事的な記述も多いが、ほぼあえてそのままにした。特にコロナ禍から市長選の混乱に至る経緯は、記録として長く読み継がれればと願っている。

表紙の絵は、本文にも登場する移住者仲間の漫画家ひうらさとるさんにお願いした。「あとがき」がない構成なので、連載からの歴代担当者と併せて、ここで感謝申し上げる。そしてなにより、私や劇団員、大学の学生や教員といったよそ者を温かく迎え入れてくださっている豊岡、但馬の皆さんにお礼を申し上げたい。

ぜひ、この本を読んだ多くの方に但馬を訪ねていただきたい。そう思っていただける本になっているかと思う。

目 次

装画：ひうらさとる

第1章

移住まで――コウノトリの郷へ

豊岡市立コウノトリ文化館のコウノトリ

コウノトリの郷へ　……二〇一九年三月

京都から福知山盆地を通り、丹波高地と呼ばれる低山をかき分けて西に進むと、やがて少し風景が開けてくる。旧和田山町、いまは合併して朝来市。天空の城、竹田城で一躍、有名になった町だ。山陰本線でそのまま進めば、山間が広がったり狭まったりを繰り返しながら、養父市、そして豊岡市に至る。国道九号線ならば養父から、さらに山を分け入って香美町村岡、そして新温泉町へ。この辺り一帯を、万葉の昔から但馬国と呼ぶ。人口は三市二町全体でも一六万人を少し超える程度(二〇一九年現在)。しかし面積は兵庫県の四分の一を占め東京都の大きさに匹敵する。

この但馬地域を南北に貫くように、円山川が流れている。川幅が広く、下流域は湿地帯となっていてラムサール条約にも登録された。河口から一五キロ程度までの勾配が日本の一級河川の中ではもっとも緩い川の一つで、このことが豊岡盆地の独特の風景を生み出している。河川勾配は約一万分の一、すなわち一〇キロを遡っても一メートルほどしか高さが変わらないのだ。そのために、この地はよく、水害にも見舞われる。

盆地なので夏は暑く冬は寒い。一日の寒暖差も激しいが、その気温のめりはりが豊かな農作物を生み出してもいる。

兵庫県豊岡市。

但馬地域の中心都市で、一〇年ほど前に周辺の一市五町が合併してできた兵庫県で一番面積の広い自治体である。それでも人口は、ついに最近、八万人を割り込んだ。

今年の九月、私は生まれ育って五六年の歳月を過ごした東京を離れ、家族三人で、この豊岡市に移り住むことになっている。理由はいろいろあるが、そして、そのいろいろのところをこの日記に書き綴っていくつもりなのだが、もっとも大きな要因は「転勤」だ。

二〇二一年四月開学を目指して、兵庫県が、この豊岡に県立の専門職大学を作ろうとしている。まだこれから申請―認可という高いハードルが控えているが、開学すれば、日本で初めて国公立で演劇とダンスの実技が本格的に学べる大学ということになる。私はこの大学の初代学長への就任が内定している。

普通の先進国なら必ずあるように、国立大学に演劇学部をというのは日本演劇界全体の悲願であった。それが、人口八万人の地方都市で実現するということは、それだけで痛快なことで、さらにうまくことが進めば、日本の文化状況全般に大きなインパクトを与えることになるのではないかと夢見ている。

すでに私は現在、この豊岡市で文化政策担当参与を務め、おそらく来月取り上げるであろう城崎国際アートセンターの芸術監督に就任している。また、豊岡市では市内三八のすべての小中学校で演劇的手法を取り入れたコミュニケーション教育を実施しており、その監修にもあたってきた。たった五年程度で、ここまでのことが実現した。さらに来年には新しい小劇場も開場し、私が主宰する劇団・青年団の移転も決まっている。国際演劇祭の開催も決定した。

いったい、この兵庫県北の小さな町で、何が起こっているのか、起ころうとしているのか。この日記は、その様々な夢の実現の過程と、あるいはその錯誤や挫折をも綴っていく。

長い日記を始めるにあたって、まず、豊岡市そのものの話から書いていこうか。

先に記したように、この自治体は一市五町が合併したために多様な文化を併せ持っている。関西有数の温泉地である城崎温泉。そばと城下町の街並み保存で有名な出石。美しい海岸線の竹野。かつて西陣を支えたという絹織物の産地、但東。スキー場やスポーツ合宿で賑わう神鍋高原を抱える日高。そして市の中心が旧豊岡市となる。

豊岡市の主産業は鞄の生産だが、それ以外にこの町の名を一躍全国に広めたのは、コウノトリの野生復帰だった。

かつて日本各地に生息していたコウノトリは、乱獲や戦後の農薬使用の増加などによって急速に個体数を減らし一九七〇年代初頭に野生状態での絶滅が確認される。その最後の生息地が豊岡市だった。絶滅の前後より市は県と協力し、長くコウノトリ再生のプロジェクトに挑み続ける。だが再生への道筋は一筋縄ではいかなかった。産卵はしても孵化しない時期が長く続き、多くの人々はプロジェクトの実現自体を不可能だと思っていたようだ。

しかし八九年、ロシアから贈られてきたつがいによって、ついに飼育下繁殖に成功し、そこからプロジェクトが加速していく。

九九年には兵庫県立コウノトリの郷公園がオープン。二〇〇二年には飼育数が一〇〇羽を超える。

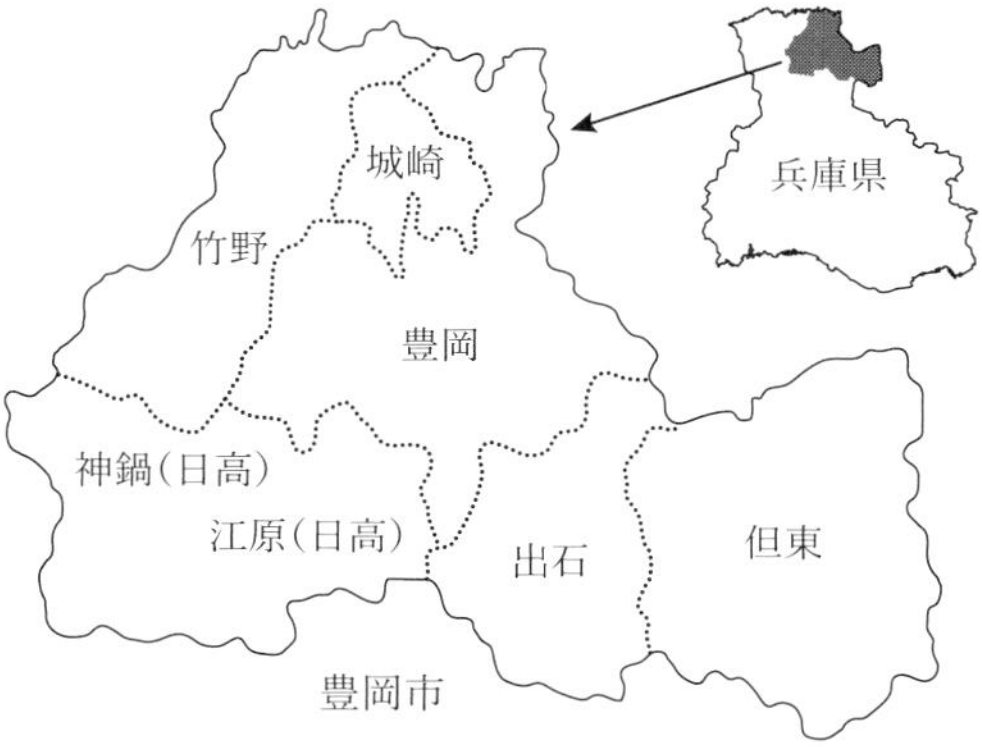

そして二〇〇五年、ついに、世界でも例を見ない絶滅種の野生復帰が実現する。飼育されてきたコウノトリの中から復帰への訓練を経た八羽が放鳥され、但馬の空に舞った。

翌年には野生状態での産卵が確認され、続けて孵化、巣立ちと順調に野生復帰が進み、いまや数十羽のコウノトリが日本中の空を舞っている。

しかし、このコウノトリの再生プロジェクトは、単なる環境保護運動に止まらなかった。

コウノトリは完全肉食のため、田んぼにカエルやドジョウがいないと野生では生きていけない。そのため豊岡市では近隣の農家に理解と協力を求め、無農薬の田畑を広げていった。そして、そこでとれた米を「コウノトリ育むお米」としてブランド化する。これが大ヒット商品となり、いまでは高い価格で海外でも流通するようになった。「コウノトリ」のイメージから、結婚や出産のお祝いなどでも重宝されているらしい。

「コウノトリ育むお米」を支えるために豊岡市が定めた「コウノトリ育む農法」は、単に農薬を減らすだけでない。オタマジャクシがカエルになるまで田んぼの水を残す「中干し延期」。冬の間も田んぼに水を張り続ける「冬期湛水」。大きな生物も生きられるように田んぼに深く水を張る「深水管理」。コンクリートで固めたあぜ道をもう一度崩し、生き物が行き来できるように「水田魚道」も作った。

これらの施策すべてを統合して、豊岡市では「環境と経済の両立」と呼んできた。

先に記したように、円山川は河川勾配が緩く日本最長のボートの練習コースがとれるため、東京五輪では強豪ドイツ、スイスのボートチームの合宿地に内定している。合宿地決定の決め手は、長大な練習コース以外に、城崎温泉と無農薬の食材が安定して提供できる「環境」にあったようだ。

こうした一連のプロジェクトの中心を担ってきたのは、県議会議員時代からコウノトリの再生に奔走してきた中貝宗治豊岡市長だった。不可能と思われていたコウノトリの野生復帰によって自信を得た豊岡市を、「小さな世界都市」にすると宣言した中貝市長が、環境の次に目をつけたのが文化政策だった。

城崎国際アートセンター〈1〉……二〇一九年四月

但馬でも今年は何度か寒の戻りがあって、桜の季節が少し長く続いた。

三月の末には、新しく建てる家の地鎮祭があり、いよいよ移住が現実のものになりつつある。私たち家族が住むのは江原という、豊岡駅から南に下って二つ目の駅の駅前だ。住所でいえば市町村合併前の日高町に属する。日高のことはまた、追々書いていきたいと思う。

先月は、『日本文学盛衰史』で鶴屋南北戯曲賞をいただき、その授賞式もあった。

四月の第一週には、日本語教育の学会出席のために中国大連を訪れた。『坂の上の雲』に描かれた二百三高地など、様々な場所を案内していただいた。アテンドしてくれた日本語学科の学生たちがいずれも優秀で、早く、こういった学生を呼べるような大学を作りたいものだとしみじみ感じる。

さて、この季節、城崎温泉では大谿川沿いの桜並木が美しい。城崎は柳が有名だが、少し歩くと上流に枝振りのいい桜があり、運がよければ、そこで散った桜の花びらが川一面に広がって下流へと流れてくる「花筏」が見られる。

城崎温泉は二〇二〇年、開湯一三〇〇年を迎える、いわずとしれた関西を代表する温泉地だ。七つの外湯巡りで、夕方から夜にかけて通りはたいへんな賑わいになる。人気の源は、この外湯と柳の並木道だ。今どきの言葉で言えば「インスタ映え」のスポットが圧倒的に多い。

旧城崎町では街並みを守るために、大谿川沿いの中心街には木造三階建ての建物しか建てることができなかった。大きなホテルはみな街外れにある。その地道な街並み保存の努力が実って、いまでは国内外から多くの観光客を集めている。

大きな旅館でも、中にカラオケやスナックがあまり見当たらない。それぞれの宿は夕食が済むと、いったんお客様を外に出して、街歩きを楽しんでもらうことが原則となっている。「駅が玄関、通りが廊下、各旅館が部屋で、外湯が風呂、みやげもの屋が売店」。すなわち城崎温泉街全体で、一つの旅館というコンセプトなのだ。

さて、城崎温泉駅から延々と続くその旅館街の、もっとも端に兵庫県立城崎大会議館というコンベンションセンターがあった。一〇〇〇人を収容できる大規模施設だが、開業以来三〇年間、ここが満席となることはなかった。おそらく建設当時は、こういった会議場を作れば労働組合の大会や学会などが呼べて、周囲の旅館業も潤うと考えたのだろう。しかし結果は、いわゆる典型的な「お荷物施設」となってしまった。繰り返すが、城崎温泉は小さな旅館の集合体で、もともと大規模な団体客を受け入れるシステムにはなっていない。大会議館は、需要が少なく衰退の一途を辿った。

紆余曲折あって、この施設が兵庫県から豊岡市に払い下げられることになった。しかし市としても使い方に困り、当初は解体して駐車場にでもするしかないと考えられていたらしい。ところがあるとき中貝市長が「劇団やダンスのカンパニーに貸し出してはどうか?」とふと思いついたのだという。

私がはじめて豊岡市を訪れたのは二〇一一年。ちょうど、そのような案が市役所で検討されはじめた時期だった。その時は、私は単にまったく関係のない文化講演会で呼ばれただけだったのだが、講演のあとで担当者から「市長がこんなことを言っているのですが」と相談を受け、後日、この地を再訪した際には現場も見せてもらった。

車で案内していただいた城崎温泉の街並みは、想像以上に素晴らしかった。有名な観光地であるから、かえって期待値は低かったのだが、実際に訪れてみると「まだ日本にこれほどの街並みが残っていたのか」と感嘆するほどの美しさだった。

ただ、連れて行かれた「大会議館」は、お世辞にも優れた施設とは言えず（まぁ、そうであるから利用率も低かったのだろうが）正直、典型的なセンスの悪い公共建築だった。

広い会議場に中学校の講堂にあるような貧弱な舞台がついている。建物全体も取り立てて魅力はない。ここに宿泊、滞在型のアートセンターを造ったとして、はたして使いたいという集団がいくつあるだろうか。

「よほど工夫をしないと難しいかもしれませんが、まぁ、可能性は少しはあると思います」といったことを、半ば無責任に私は担当者に答えた。

しかし、この担当の方が、ご自身でも市民参加の劇を企画するなど舞台が大好きな人で、市長に「平田さんが、頑張ればどうにか大丈夫と言ってました」と半ば虚偽の報告をし、しかし私も社交辞令とはいえ、それに類することは言ってしまった手前、責任をとらざるを得ず、「城崎温泉アートセ

「変身」なった城崎国際アートセンターの現在(撮影：西山円茄／写真提供：城崎国際アートセンター)

ンター化構想策定委員会」のアドバイザーに就任することになった。

豊岡市民も交えて、半年以上の協議の末、世界でも珍しい舞台芸術に特化したアーティスト・イン・レジデンス施設「城崎国際アートセンター」が誕生することとなった。

関西で先進的な仕事を続けている「いるか設計集団」が改装を担当し、外壁も含めて全面的なリニューアルを行った。大会議場にあった演壇を壊し、帝劇の舞台でもそのまま入るような巨大な稽古場が出現した。大きな客席が電動のロールバックスタンド型(一瞬で折り畳むように収納ができる)だったことも幸いした。

他にも会議室などを模様替えした六つのスタジオ。これらはレッスンバーがあったり、防音遮音が施されて録音ができたりと、それぞれに個性を持たせた。

長く使われていなかった宿泊棟も整備をして、二十数名が滞在できるように改修した。一階には簡単なパーティもできるような大きなロビーを作る。他にカフェテリアとキッチン。冷蔵庫やシンクはそれぞれ三つずつを用意し、三団体までが一度に滞在できるものとした。

こうして瞬く間に、そして比較的低予算で、国内最大級の巨大レジデンス施設が誕生した。

審査に合格してここに滞在するアーティストは二四時間、施設を自由に利用し、創作や稽古に集中することができる。

ここはレジデンス(滞在制作)に特化した施設なので、短期的成果は問わない。たとえば劇作家が「構想中」ということで、何もせず街をぶらぶらしていても、最大三カ月まで無料で滞在することができる。

ただし京阪神から城崎温泉に来るには二時間半以上がかかる。飛行機を乗り継げば東京から二時間で来られるが、便は一日二便しかない。

施設は作ったものの、はたして応募者はいるだろうかと、私自身、内心は大いに不安だった。ところが蓋を開けてみると、国内外から多数の申し込みがあり、前年度、二〇日間しか使われていなかった建物が、初年度から三三〇日の稼働となった。ここから豊岡市の文化政策の大きな転換が始まる。それは私も、まったく予想していない展開だった。

城崎国際アートセンター〈2〉……二〇一九年五月

平成から令和へと年号が変わっても、但馬はのんびりとした日々だ。

新しい大学の準備は着々と進み、教員面接がほぼ終わろうとしている。ありがたいことに全国から優秀な応募者が多数あった。

私自身は五月の半ばから、城崎国際アートセンター(以下、ＫＩＡＣ)に滞在して新作の稽古に入っている。ときおり江原まで車を走らせて自宅の建築の進み具合を見るという不思議な生活が始まった。

今回はフランスのリモージュ国立演劇センター付属演劇学校の卒業公演を私が演出することになり、さらに、その学校と提携をしている韓国の芸術大学の最高峰、韓国芸術総合学校も含めて、三カ国の合同公演を制作することになった。

卒業公演の方はフランス人の俳優のみだが、合同公演は日韓仏三カ国の俳優が出演する。総勢二四名の俳優が、一カ月以上寝食を共にして作品を創り、このあと、四国、東京公演。さらに秋には韓国公演、冬にはフランス公演が控えている。

先月も記したように、ＫＩＡＣは世界でも珍しい舞台芸術に特化したアーティスト・イン・レジデンス(滞在制作)の施設だ。二四時間、複数の稽古場を使えるので、俳優たちは朝から晩まで、文字通り演劇漬けの日々になる。宿舎が併設されているから、ベッドから稽古場までは三〇秒。夜は稽古が終わったあとも、毎晩、深夜までカフェで芝居談義に花が咲く。

稽古の合間には温泉を楽しむこともできる、演劇人には夢のような場所だ。繰り返すが、この施設は、審査に通れば使用料は全額無料となっている。

こんなことが可能になったのは、一つには城崎という土地の持つ伝統があったように思う。城崎温泉は、志賀直哉の『城の崎にて』で一〇〇年近く食べてきた町だ。街のそこかしこに、「温泉と文学の街」という看板が掛かっている。

しかし、ここに滞在したのは志賀直哉だけではない。谷崎潤一郎や有島武郎といった文人たち。あるいは禁門の変で朝敵となった桂小五郎をかくまった宿も残っている。かつては文人墨客を招いて一、二カ月逗留させ、最後に書を一幅書けば宿代はただといったことが、各旅館で当たり前のように行われていた。

城崎大会議館のリニューアルの審議の過程で、旅館の旦那衆からそのような話を聞き、「それって要するに、城崎では昔からアーティスト・イン・レジデンスをやってたってことじゃないですか」という話になっていった。しかしいまどき各旅館が勝手にアーティストを呼び込むことも難しいし、おかしな人を呼んで大麻でも植えられたら大騒ぎだ。ならば目利きのプロデューサーに選定をしてもらい、世界水準のアーティストに滞在してもらって、二一世紀の『城の崎にて』を創らせればいいではないか。その二一世紀の『城の崎にて』は、おそらく小説ではなく、コンテンポラリーダンスかもしれないし、ビデオアートかもしれない。しかし、それが実現すれば、また城崎の町は、あと一〇〇年、二〇〇年と、それで生き延びていけるのではないか。これがＫＩＡＣを誕生させるために私が考えた「物語」だった。

もちろん、そんな夢物語だけでは施設はできない。特に行政のお金を使うのだから、何か客観的な根拠も必要だ。

もう一つ、私が考えたのは、以下のような筋書きだった。

二〇一二年に「劇場、音楽堂等の活性化に関する法律」（通称「劇場法」）が成立した。この法律は、簡単に言えば、劇場を単なる芸術鑑賞の場から、市民の交流、あるいは創造発信の場へと転換させる法律だった。この法案の生成の過程は、拙著『新しい広場をつくる——市民芸術概論綱要』（岩波書店）に詳しい。

一九九〇年代半ばから始まった公共ホールにおける作品制作の流れは、いまも拡大し、公立の劇場が演劇やオペラを創ることは、もはや当たり前の事柄になった。「劇場法」はその行為を根拠づける法律だ。

しかしながら日本の公共ホールには、欧米の劇場のような付属劇団がない。またフランスの国立劇場が持っているようなレジデンス施設（作品制作のためにアーティストを滞在させる施設）もない。

フランスの地方の劇場は、近隣のアパートなどを借り上げて宿泊施設として利用する。たとえばフランスの地方都市ブザンソンの国立演劇センターからの依頼で作品を創った際に、私に二カ月近く貸し与えられたのは、ビクトル・ユーゴーが生まれたという由緒正しいアパートの一室だった。

考えてみて欲しい。海外から二〇人規模のカンパニーを呼んで作品制作をしたとしよう。一人一泊一万円のホテルに泊めたとしたら、一日で二〇万円。一カ月で六〇〇万円、当たり前だが二カ月なら一二〇〇万円の支出だ。

パリから羽田までの航空運賃と、パリから羽田経由鳥取空港行き（鳥取空港は城崎から最も近い空港の一つ）のそれは、まったくかわらない。東京のアーティストからすれば城崎は遠くに感じるだろうか、パリやベルリンから見れば似たようなもの、まさに目と鼻の先だ。繰り返すがＫＩＡＣの滞在費は無料。一カ月なら六〇〇万、二カ月なら一二〇〇万円の資金が浮く。

実際、蓋を開けてみると、東京文化会館や神奈川芸術劇場といった日本のトップクラスの公共劇場が、作品制作の場として城崎、豊岡を選ぶようになった。東京を飛ばして、城崎と世界が直接つながることになったのだ。

Sipat Lawin Ensemble　2018年9月23日から10月6日まで滞在．フィリピンのパフォーマンス・カンパニー（撮影：igaki photo studio）

ここに滞在するアーティストは、宿泊費は無料だが、最後に何らかの「地域還元事業」をしてもらうことになっている。公開リハーサルでもいいし、市民が参加できるワークショップでもかまわない。学校などに出向いて授業をしてくれるアーティストもいる。

もしも「興行」として呼べば、三〇〇万、五〇〇万円とかかるアーティストやカンパニーが、向こうから手弁当でやってきて、しかも通し稽古などを見せてくれる。豊岡市民はこれらの事業を、いつでも無料で鑑賞できるのだ。

最初にこれを高く評価してくれたのは、旅館の女将さん連中だった。彼女たちは、京都、東京から嫁いできた方も多く、日本舞踊の名取であったり、クラシックバレエを本格的にやっていたりといった素養がもともとあった。ジャンルは違えど超一流のコンテンポラリーダンスや演劇が来れば、その価値は十二分に解る。実際の感想として、「こういう「アート」は実家に帰ったときに観るものと諦めていたのですが、それが、子どもと一緒に、このレベルの作品を下駄履きで気軽に観に来られるなんて夢のようです」という声を多く聞くようになった。

城崎温泉は、この五年でインバウンドの観光客が四〇倍になった。これがKIACの開館からの五年と重なった。

もちろん、KIACができたから外国人観光客が増えたわけではない。相関性はまったくないのだが、その時期が重なったためにKIACは城崎温泉の国際化の一つのシンボルとなった。いまでは外湯にアーティストが訪れると、「アートさん」と言って親しみを持って迎えられるようになっている。

コミュニケーション教育〈1〉……二〇一九年六月

六月のなかばは城崎温泉のボトム(閑散期)だが、新緑の最も美しい季節でもある。梅雨前線もまだ日本海側までは届かず、ぬけるような晴天の日も多い。

五月末には自宅の上棟式があった。いよいよ移住の日が近づいている。

KIACでの滞在制作も佳境を迎え、あとは公開リハーサルを残すのみとなった。城崎、豊岡の演劇ファン、ダンスファンは、こうして「ワールドプレミア(世界初演)」を常に目撃できる環境にある。実際には、近県や東京からも観光を兼ねて、多くのお客さんがやってくる。

しかし当然だが、KIACの開館前には逆風もあった。それはあからさまな反対というより、それ以前の「いったい何ができるのか?」といったものだったように思う。それはそうだろう。人口八万人の町に、いきなり、「世界でも類を見ないパフォーミングアーツに特化したレジデンス施設を創る」と言って、それをまるごと理解しろという方が難しい。

いまはどの公共ホールでも、「開館プレ事業」などと称して、新しい会館のオープン前からアウトリーチ活動を行う。このアウトリーチというのは、もともと大学などの研究機関が、その研究内容を市民に伝える工夫から始まった言葉だ。しかし日本では近年、特に文化ホールなどが、施設外に出向いて行う様々な事業を、狭義の「アウトリーチ」として呼ぶことが多い。

KIACでも当然、開館前のアウトリーチ活動を盛んに行った。ホテルのロビーやお寺の本堂でのリーディング上演(朗読会に演出をつけたようなもの)、私の講演会や演劇ワークショップなどなど、やれることは何でもやった。そのなかでも一番反響が大きかったのは、地元城崎小学校でのモデル授業だった。

これは普段から私が行っている演劇的手法を使った小中学生向けの国語教育、あるいはコミュニケーション教育の授業だ。私はいまも、全国で(あるいは国外も含めて)年間三〇から四〇の学校で実際に授業を行っている。

初めて城崎小学校で授業を行ったのは二〇一三年の一二月。定番のモデル授業を三時間行った。城崎の子どもたちは地方の小学生が持つ素朴さと、国内有数の観光地で育った故の社交性を兼ね備えており、授業はたいへん盛り上がった。ただ、このときはまだ、普通の評判だったように思う。

翌二〇一四年四月、ＫＩＡＣがオープン。

六月一二日から一五日の四日間にわたって日本劇作家大会開催。有名劇作家や俳優たちが城崎の町にあふれ、一挙にＫＩＡＣの知名度が高まった。大会参加者は延べ七四〇〇名。

九月、私自身初めてのＫＩＡＣでの滞在制作。作品はフランスのノルマンディ演劇祭から委嘱されたアンドロイド版『変身』。大阪大学の石黒浩教授制作の最新型アンドロイドを使った舞台だった。主演は、『二人のベロニカ』でカンヌ映画祭の主演女優賞を受賞したフランスの国民的女優イレーヌ・ジャコブ。

ここでイレーヌの社交性が、ＫＩＡＣの名声を広めることになった。歓送迎のパーティなどでのスピーチは多くの人々を感動させ、国際アートセンターの価値を一挙に高めた。日本で言えば吉永小百合さんクラスの女優さんが、アートやこう言った滞在型施設の重要性を切々と訴えてくれたと思ってもらえばいい。

この滞在期間中にも、私は城崎小学校で二回目のモデル授業を行う。この授業にはイレーヌと同行していた彼女の二人の息子たちも参加し、とても楽しい授業になった。このとき、一回目の評判を聞いて豊岡市教委の教育長、指導主事が視察に来ていた。

あとから聞いた話も総合すると、当時豊岡市の教育委員会では、全市での小中一貫教育に向けての準備を進めていた。また、教育内容については、特に教員の授業力向上を大きな目標として掲げていたようだ。しかし、教育長はどうも、もう一つ目玉が欲しいと考えていた。

どうしてそう思ったのかは解らないが、私の授業を見て当時の石高雅信教育長は「これだ」と感じたらしい。

数日後には私のところに連絡が来て、どうすれば学校のカリキュラムに演劇的手法を使ったコミュニケーション教育が取り入れられるかの具体的な検討に入った。急遽、予算がつき、三年で市内の全校で、この授業が実施できるように持って行くという、いささか荒っぽい計画が立てられた。

方針が固まったところで、二〇一五年の三月末、これも急遽、市内の小中学校の校長・教頭が全員集められ、私の講演会が行われた。新しい学習指導要領の方向性や、二〇二〇年の大学入試改革に向けて、どのような学力がこれから求められるか。またそのために、演劇教育、コミュニケーション教育がなぜ有効なのかを説明した。二時間にわたる講演と質疑のあと、石高教育長は全員に以下のように宣言をした。

「私は、この演劇的手法を使ったコミュニケーション教育を、豊岡の教育改革の目玉の一つにしたいと考えている。ただし、これはいままでの学校教育とはなじまない新しいタイプの授業なので、教育委員会の押しつけではダメだとも思っている。新しい授業は、やる気のある校長先生の元でしか実現しない。四月には異動があるので、異例のことだが、新年度になってからモデル校を五校募る。我こそはと思う人はいまから考えておいて欲しい」

これは実は、教育の世界ではよくある話なのだ。やる気のある校長先生が何か新しいプロジェクトに手を上げても、翌春に異動になって、たとえばアーティストが学校を訪れても対応がちぐはぐといった報告が多く聞かれる。

豊岡では年度あけ早々にモデル校が定まり、さっそく私が五校を巡回して授業をすることになった。近隣の学校の先生方にも、まず、その授業を直接見てもらい、授業後はできるだけ振り返りの会を開催して質疑を受ける。指導主事は、すべての授業をビデオに撮って自ら編集し、授業中の声がけのタイミングなどを夏の研修会で全教員に学んでもらった。

こうして二年が過ぎ、二〇一七年四月からは、いよいよ豊岡市内のすべての小中学校で「演劇的手法を使ったコミュニケーション教育」が導入されることになった。文字通り小中一貫教育の目玉の一つとして、小学六年生と中学一年生が、各学期三時間ずつ、総計一八時間、担任から演劇の授業を受ける。担任が授業を担当するというのが豊岡市の改革の肝なのだが、この点は来月に詳しく触れる。

市レベルで、この規模の全校実施を行えたのは、北海道の富良野市に次いで二例目になったかと思う。人口八万人、三八の小中学校というスケールでの全校実施は、これまで私がお手伝いしてきた中では最大となる。世界の先進国において、日本は極端に演劇教育が少ない国なのだが、その公教育の中に演劇が本格的に導入される歴史的な瞬間となった。

コミュニケーション教育〈2〉……二〇一九年七月

いよいよ城崎も夏の観光シーズンが始まった。ただし豊岡市が抱える観光地は城崎温泉だけではない。夏には竹野の海岸も多くの海水浴客で賑わう。城崎国際アートセンターに滞在する海外のアーティストたちの一番人気は、実はこの竹野浜なのだ。透明な海、近年はシーカヤックなども人気である。神鍋高原はスキーで有名だが、関西の高校・大学のスポーツ合宿の拠点でもある。体育館やテニスコートを持っている民宿もあり、夏は学生たちで賑わう。この神鍋高原も最近は熱気球を飛ばしたり、夏のスキー場ではモトクロスを楽しんだりと、新しい観光アイテムを開発している。

城崎国際アートセンターで制作した日仏韓合同公演『その森の奥』は、無事に豊岡での公開リハーサルを終えて四国、そして東京公演と回っている。この間、私自身は豊岡市内の小中学校はもとより、但馬圏域の高校も回って授業や講演を続けてきた。大学開学の準備も着々と進んでいる。

さて先月まで豊岡市で演劇を使ったコミュニケーション教育の新しい取り組みを紹介してきた。豊岡市ではたった三年で、市内三八のすべての小中学校で演劇を使った授業を実施することになった。私自身、その計画の遂行に深く関わってきたわけだが、それが着実に実行されたことに、いささか戸惑い、驚いている。これまでお手伝いしてきたどの自治体でも、コミュニケーション教育は「まぁ、これからは、それも大事ですよね」といった範囲で限定的に受け入れられてきた。しかし豊岡市での取り組みは、教育改革の中核として、きちんとカリキュラムの中に取り入れられた点に意義がある。

二〇一七年度から豊岡市が導入した小中一貫教育「豊岡こうのとりプラン」は、「ふるさと教育」「英語教育」「コミュニケーション教育」を三本柱としている。

余談だが、英語教育は現在、地域間格差の激しい分野となっている。たとえばALT(Assistant Language Teacher＝外国語指導助手)は、自治体によって配置の比率が大きく異なっているのだ。豊岡市は特別予算を付け、全小中学校にALTを配置し、幼稚園、保育園にも巡回させている。京阪神の各自治体の公立小学校は(これも自治体間で大きな開きがあるようだが)、ALTが回ってくるのは月に一、二回程度だが、豊岡市では週に一、二度、生の英語に触れる機会が保証されている。

小学校からの英語教育の導入には賛否があり、私はどちらかと言えば「否」の立場だが、それでもALTの導入には効果はあるとも感じている。英語力が向上するかどうかは定かではないが、たしかに外国人に対して物怖じはしなくなるのだ。たいていの学校でALTの若い教員は人気があり、子どもたちも気さくに片言の英語で話しかけている。豊岡の子どもたちの英語の発音は、心なしか他地域よりうまい気もする。

私たちは、豊岡市の英語教育は文科省が掲げるような「グローバル教育」ではないと公言してきた。豊岡市は、世界で闘える人材を育成したいとは考えていない。まぁ、そういった人も必要なのだろうが、それは公教育、まして初等教育が担うべき事柄ではない。豊岡の英語教育は、豊岡を国際化するための教育、世界中の人々を豊岡に招き入れるための教育だ。

以前書いたように、城崎国際アートセンターの成功は、文人墨客を招いて逗留させてきた城崎温泉の歴史と文化に根ざしていた。同じように豊岡市の教育改革が、この数年で飛躍的に深化したのにも、はっきりとした背景があった。

東井義雄という教育者をご存じだろうか？

一九一二年、出石郡合橋村（現在の豊岡市但東町）の寺の長男として生まれた東井は、昭和三〇年代に「村を捨てる学力、村を育てる学力」という概念を提唱した。このまま従来型の「知識・学力」偏重の教育を続けていても、優秀な子ほど都会に出て行ってしまい、村は廃れていくだけではないか。自らの共同体を守り、育てていくような教育に、その質を変えていくべきではないかと東井は主張した。「ほんものの学力」とは子どもの感じ方、思い方、考え方、生き方、その論理の歯車にかみ合った力でなければならないと東井は考えた。これを彼は「生活の論理」と呼んだ。

昭和三〇年代、何人の子どもを大阪や東京の大学に行かせるかが教員の評価の基準だった高度経済成長まっただ中の時代に、このような主張が兵庫県北の小さな村から立ち上がったことは驚嘆に値する。東井義雄は初任地から最後の校長在職まで、但馬の地を離れなかった。亡くなって三〇年になるいまも、地元但東では「東井義雄記念館」に、全国から多くの教育関係者が訪れる。

先日も、豊岡市内のある会合で、いまの豊岡市の教育改革の現状を政財界の方にお話しし、その中で東井義雄先生の著書に言及したところ、講演終了後、「私は東井先生の教え子でした」「私の父が同僚でした」といった話をたくさん聞かされた。

豊岡市の教育改革は、何も目新しいことをやろうとしているのではない。東井先生が目指したものを、現代社会にあったやり方で形にしていこうとしているのだ。

私は、いま財界の要請によって進められている「グローバル教育」なるものは、「国を捨てる学力」だと思っている。私はこれを、「四〇人学級の中で、一人のユニクロ・シンガポール支店長を育てるような教育」と評してきた。効率も悪いし獲得目標も低い。もしこれが、「三九人を犠牲にしてでも、一人のビル・ゲイツを生むような教育」というなら(そんな教育はあり得ないけれど)、それはそれで一理あると思う。だがいまの「グローバル教育」は、あまりに中途半端で、子どもたちにとってはダブルバインドに他ならない。

おそらく犠牲となった三九人は、英語が嫌いになり、他国の文化も嫌いになり偏狭なナショナリストとなるだろう。せっかく目標を達成したユニクロのシンガポール支店長も、より激しい国際間の競争にさらされて、半分はメンタルをやられるだろう。いったい、どんな子どもを育てたいのか?

但東中学の三年生は、修学旅行で東京に行った際に、有楽町にある豊岡市のパイロットショップで半日かけて但東のプロモーションを行う。中学校二年生から総合的な学習の時間を使って、そのための準備を進め、プレゼンの方法やチラシのデザインも自分たちで考える。一学年二〇名程度の小さな中学校だからこそできる試みでもある。

この企画は、毎年、引率の教員の方が涙ぐんでしまうほどに感動的な幕切れとなる。ある先生からは、「おとなしかった子どもたちが、東京のど真ん中で声を張り上げて故郷のアピールをしている姿を見ると、大人も頑張らなきゃいけないという気にさせられるんです」という話を伺った。豊岡で行われている教育改革は、「企業の論理」「資本の論理」「東京の論理」から、「生活の論理」へと子どもたちの学びの場を取り戻す試みなのだ。

あいちトリエンナーレ　……二〇一九年八月

開学を二年後に控え、今年は八月上旬に神戸でもプレカレッジを開催した。全国から優秀な学生が集まり、三日間のワークショップを楽しんでもらった。夏休みに入って全国を回り講演会などで大学の名前を広めていく。

神戸でのプレカレッジが終わるとすぐに、一二年ぶりにカナダのビクトリア大学を訪れ、カナダ日本語教育学会で基調講演とワークショップ。帰路、バンクーバーでも講演を行った。大学が開学すればすぐにでも提携先を探さなければならない。各国の日本語教育学会、日本語教師会はそのパートナーとなる。

八月の一九日からは地元豊岡でも大学のプレカレッジ。こちらも多くの参加があった。

六月に続いて今年二度目の城崎国際アートセンターでの滞在制作も始まった。今回は私の代表作『東京ノート』を七カ国の俳優と創っている。二五年前に書かれた本作は、現在一四カ国語に翻訳され、これまで世界中で上演が続いてきた。

特に近年は『台北ノート』『バンコクノート』『マニラノート』と、アジア各国での翻案上演を行い、それぞれ、その国を代表する演劇賞も受賞してきた。

今年はその集大成として、これまで各地で私の作品に出演してもらった俳優たちを城崎に集め、新しく『東京ノート・インターナショナルバージョン』を創り、豊岡、富山(南砺市利賀村)、東京で上演を行う。

『東京ノート』は、近未来の日本の美術館が舞台となっている。欧州では世界大戦が勃発し、そこから避難してきた名画や美術品の前で、日本人たちが、家族や恋愛の話を淡々と繰り返す。ただ、それだけの舞台である。

折しも、あいちトリエンナーレでは、悪質な脅迫などを受け企画展「表現の不自由展・その後」が中止となり、いまも議論が続いている。「美術とは何か?」「私たちが、そこから感じるものはなにか?」という『東京ノート』の主題の一つが、あらためて問われる夏になった。社会における芸術の役割や価値を、この一カ月、城崎で、アジアの俳優たちと考えていきたいと思う。

さて、あの少女像は、どこからどう見ても、ただ少女が座っている像だ。取り立てて美しくもないし、何か悲しい表情をしているわけでもない。いったい一部の政治家たちは、何をあんなに怖れているのか? 今回の騒動は図らずも、物言わぬ美術作品の社会的影響力をかえって世間に示すことにもなった。

ここ数回は、城崎国際アートセンターの成立、そして豊岡市における演劇教育の進展を書いてきた。そろそろ、但馬の風物について書こうと思っていたのだが、そんなわけで、もう少し芸術の話を記そうと思う。

昨年、私はこの城崎国際アートセンターで、高橋源一郎さんの『日本文学盛衰史』を舞台化した。長編の原作を明治の文学者の四つの葬式（北村透谷、石川啄木、二葉亭四迷、夏目漱石）の場面に集約した舞台は幸いにも好評を得て、今年、鶴屋南北戯曲賞を受賞した。

第三場、二葉亭四迷こと長谷川辰之助の葬儀に、幸徳秋水と管野スガ子がやってくる。この場面、管野が森鷗外と夏目漱石に語りかける。少し長い引用になるが、ご容赦いただきたい。

管野　森先生、
森　はい。
管野　私たちは、これからも弾圧されますか？
森　はい、おそらく、
管野　なぜですか？
森　なぜというと、
管野　私たちは、赤旗を振って無政府共産と叫んだだけです。
森　えぇ、

管野　それが、何ヶ月も牢屋に入れられるほどの罪ですか？
森　政府は、そう考えていますね。
管野　どうして？
森　どうしてでしょう。
管野　私たちは思想を持って、それを言葉にしただけです。考えたら罪ですか。言葉にしたら罪ですか？
森　うーん。
夏目　それは、ここにいる私たちみんなのせいなんだ。
管野　え？
夏目　私も含めて、みんなのせいなんだ。
管野　どういう意味ですか？
夏目　私たちはこの二十年、どうすれば「内面」というものを言葉にできるかを考えてきました。長谷川さんは、もっとも早く、それには「自由な散文」が必要だと気がついた。北村君は、それを見つけることができずに苦悩した。
島崎（藤村）　はい。
夏目　長谷川君の発見した新しい日本語で、国木田君は『武蔵野』を書いた。私たちは、世界を描写できる言葉を獲得した。同じころ、正岡君は病床の六畳間から宇宙を描写した。そして、そこで得た言葉を使って島崎君と田山君は、それぞれの方法で内面による真実の告白を書くに至った。

管野　それがどうして？

夏目　「見たまえ、そこに片眼の犬がうずくまっている」

管野　『武蔵野』の一節ですね？

夏目　私たちは、風景を描写するだけで、その描写する主体の内面を伝えることができるようになりました。

管野　はい。

夏目　そして、それに多くの人が共感する。

管野　はい。

夏目　ならば当然、政府は、「猫」と書いた人を牢屋に入れ、「犬」と叫んだ者をむち打つでしょう。

管野　そんな、

夏目　だって、政府は、その言葉が、内面の何を表しているのか不安でたまらないから……私たちは国民国家を作るために新しい日本語を育てた。しかし、これからは、言葉は日本国にあだなすものとなるでしょう。国家もまた、言葉を敵とするでしょう。

相馬（黒光）　でも、日本にも、デモクラシーがだんだんに広まって、少しずつ、よくなっていくんじゃないですか？

夏目　滅びるね。

……

夏目　幸徳さん、

幸徳　はい。

夏目　幸徳さんはたしか、土佐・中村の生まれでしたね。

幸徳　はい。

夏目　中村より東京は広い。

幸徳　ええ、

夏目　東京より日本は広い、日本より……あたまの中のほうが広いでしょう……政府は、その広さを怖がっている。

青年団『日本文学盛衰史』滞在制作の様子（撮影：igaki photo studio／写真提供：城崎国際アートセンター）

幸徳　はい。

夏目　どうか、くれぐれもお体を大切に。

幸徳　はい。

森　ごきげんよう。

『日本文学盛衰史』の公開リハーサルを観た中貝宗治豊岡市長は、この『三四郎』からの援用である後半部分がいたく気に入ったようだった。

私の豊岡移住も、あと一カ月後に迫った。「なぜ豊岡に？」とよく聞かれるので、そのたびに「オリンピックの前に東京から亡命するのです」と答えるようにしている。

私たち芸術家に最後に残された権利は「亡命」だ。愛する祖国が間違った方向に進み、それを止めることができなくなったとき、内部からそれを変革する術のない非力な芸術家たちは亡命をする。亡命政権をつくって闘うのは立派な抵抗運動だ。豊岡で、芸術による町作りの圧倒的な成功例を作りたい。「表現の不自由」を感じた芸術家には、豊岡への移住をお薦めする。中貝市長からは「豊岡を梁山泊のようにしてください」と言われている。

斎藤隆夫のまち　……二〇一九年九月

九月はことのほか、忙しかった。

本格開催を目指して、第0回の豊岡演劇祭を開催した。会期は九月六日から八日までの三日間のみ。演目も四つだけ。しかし、どの会場も満員御礼で、来年の本格実施に向けてたしかな手応えを得た。

私たちの劇団は代表作『東京ノート』の六カ国語版『東京ノート・インターナショナルバージョ

ン』をＫＩＡＣで制作し上演した。さらに富山県南砺市の利賀村で開催されているシアター・オリンピックスにこの作品を持って参加。

九月一〇日に利賀入り。順調に稽古が進む。ところが一二日、何やら腰のあたりに激痛が走った。いままで経験のない痛みだったので結局、救急車を呼んでもらうこととなった。尿道結石だろうということで、生まれてはじめてドクターヘリに乗って麓の砺波の病院まで運ばれた。手術はあっけなく終わり、痛みも嘘のように消えた。さすがに、この日だけは稽古も休みとした。

一三日、一四日、一六日と無事に三ステージを終えて、いったん利賀を離れる。一七日、南砺市の教育委員会で講演ののち一週間ぶりに帰宅。引っ越しの準備を進める。

一八日の夜にはまた豊岡へ。一九日、信金などの手続きを済ませて、お隣の養父市八鹿高校で講演。神戸に出て県庁で会議。深夜に東京に戻る。自分の荷物だけは、どうにかまとめた。

二〇日は東京の信金で手続き。富山県に戻って、シアター・オリンピックスのもう一つの会場である黒部市で二日間のワークショップ。二一日の夜には利賀村に戻って観劇。翌日のシンポジウムを済ませて、利賀から豊岡に戻る。

豊岡に戻ると書いたが、いったいどこが自宅なのか、すでにわからない状態になっている。二三日、豊岡市のイベントに出て昼は市長と会食。

二四日、豊岡市役所で会議三つ。この日は大阪泊。

二五日、早朝に大阪大学に出勤。残務を済ませる。続いて神戸の兵庫県庁で大学開学のための会議。

伊丹市でワークショップ。飛行機で東京に戻って劇作家協会のセミナー。この日、二一時半に講座が終わってから渋谷のホテルに向かう。自宅はすべて荷物を引き払い、今夜はホテルに泊まることになっている。家族はすでに眠りについていた。高層階から一人、最後の東京の夜景を眺める。

二六日。私は単身、羽田空港から伊丹経由で但馬空港へ。空港に置いておいた劇団の車で隣県鳥取の倉吉へ。倉吉西高校で講演会。終了後の生徒たちとの懇親会では、「生きることには意味がありますか?」といった本質的な質問が続く。本邦の高校生は、まだまだ捨てたものではない。

この間、妻と子どもは新幹線と在来線を乗り継いで豊岡に移動。

夕刻、私は、また二時間をかけて豊岡市に戻る。但馬地方は高速道路網の最後のミッシングリンクとなっていて、つぎはぎ状に完成しつつある自動車専用道路を乗り継ぐようにして進む。この日の宿泊は引っ越し先のお隣の中田家にお世話になる。この夜も、妻と子どもはすでに眠っていた。

二七日朝、まず子どもを保育園に連れて行く。すでにお試し保育が始まっている。そしていよいよ引っ越し作業開始。業者の方が次々と運んでくれる家具や段ボールを部屋ごとに仕分ける。その間、来客、多数あり。妻の実家のご両親も手伝いに来てくださる。保育園の出迎え。買い物。合間をぬってご近所に挨拶回り。

二八日。この日も引っ越し業者の別のスタッフが来て、段ボールの中身を開けて棚に並べる作業をしてくださる。私は書斎にこもって、業者の方と黙々と本を並べる。インターネットの設置業者の方から、高校生の息子を豊岡に新設予定の専門職大学に行かせたいのだが、どんな勉強が必要かと聞かれる。

途中、休憩も兼ねて子どもが通う保育園の運動会を見学に行く。あいにくの悪天候で会場が体育館に変更となったが、たいへんな賑わいで、すでに親しくなっているご近所の方々に挨拶をする。

東京での引っ越しの準備は妻にほとんど任せてしまったので、罪滅ぼしにもならないが、この二日間だけは予定を完全に空けていた。しかしここに、どうしても断れない用事が一件入った。劇団員でもある深田晃司監督の新作『よこがお』が地元豊岡劇場で上映され、深田も来豊するので、そのアフタートークに出てくれないかというのだ。

豊岡劇場は、経営難に陥った映画館を他の民間業者が買い取り再生させた豊岡が誇るミニシアターである。昨年もここで、想田和弘監督とのトークを行った。ここからの依頼は原則、断らないようにしている。

四時過ぎに自分で車を運転して豊劇へ。一時間半ほどのトークを済ませて帰宅。家族で夕食。子どもを風呂に入れてから、二二時二〇分江原駅発の最終列車で福知山に移動。

翌日、福島県まで行くので、この日のうちに福知山まで出ておかなければならない。

こんなあわただしい形ではあったが、めでたく豊岡市日高町江原への引っ越しが完了し、晴れて私は兵庫県民、豊岡市民となった。

五六年間、生まれ育った東京が嫌いなわけではないが、「ちょっと、もうこの町で暮らすのは無理なのではないか？」という想いはある。少なくとも東京で演劇を創るということが年を追うごとに精神的な負担になっており、近年は新作の稽古はすべて国内外の他の都市での滞在制作を行ってきた。私自身、劇作家、演出家として思いきり活動ができる時間も限られている。豊岡の地で、じっくりと腰を据えて、新作を書き、稽古をしたいと思う。

家族三人で暮らす小さな家も建てた。生まれて初めて独立した書斎も作ってもらった。部屋は東南の角にあり、眼下に円山川、対岸には但馬の小さな山々が連なっている。さぁ、この部屋で、私はあといくつ戯曲を書けるだろうか。

ＪＲ江原駅は、関西随一のスキー場である神鍋高原の入り口でもある。引っ越しを少し急いだのは、運転に不慣れな妻のために、雪が降り始める前にと考えたからだった。

とはいえ、江原のあたりは、神鍋どころか城崎温泉ほどにも雪は積もらないとも聞いた。

これがまあ終の棲家か雪五寸

といったところか。

さて、前回、「豊岡を梁山泊のようにしてくれ」と市長から言われたと書いたところ、それはいったいどんな市長だと幾人かから聞かれた。しかし私の見るところ、中貝宗治豊岡市長は、きわめてまっとうな保守政治家であり、政治信条が特段ラディカルなわけではない。市長になるまでは自民党籍もあった。

市の総合計画のなかに、「リベラルな町を創る」と入れているあたりは、少し変わっているかもしれない。「この点について批判はありませんか?」と聞いたところ、「自民党はLiberal Democratic Partyです。なんら恥じるところはない」という答えが返ってきた。

いまはもう「保守とは何か?」という軸線自体が乱反射の状態になっていて、特に政治の世界はカオス状態だ。これはもちろん日本だけの現象ではなく、たとえばイギリスの「保守党」の大混乱ぶりをみれば、まだ日本などましな方かもしれないと妙な感慨さえ抱く。話を戻そう。

そうは言っても、いまの世の中で、中貝市長がまっとうな保守政治家でいられるのには理由がある。

この日記では、城崎国際アートセンターの成功の前提には文人墨客を招いてきた城崎温泉の豊かな歴史があり、あるいは豊岡市の教育改革の推進の背景には東井義雄という先覚の影響が大きいと書いた。人口八万人の豊岡市が、先端的な施策を打ち出し、「小さな世界都市」を目指すと公言できるのにも、その背景がある。

斎藤隆夫の存在だ。

斎藤隆夫、一八七〇年(明治三年)、現在の豊岡市出石町に生まれる。艱難辛苦の末に弁護士資格を取得し、その後、アメリカ、イェール大学に留学。一九一二年(明治四五年)、立憲国民党より衆議院選挙に出馬し初当選。以来、当選一三回。

この斎藤隆夫の名を後世に残したのは、世に言う「粛軍演説」「反軍演説」だった。この二つは、よくセットのように語られるが、実際の受け取られ方は大きく異なった。

一九三六年、二・二六事件のあとに行われた粛軍演説は、軍人の政治介入、とりわけ青年将校たちの右傾化を批判するとともに、軍にすり寄る政治家の態度や、議会軽視の風潮をも批判した。まだこのころは新聞にも良識があり、この演説は絶賛された。

しかし一九四〇年、日中戦争の拡大を批判した反軍演説に対する反応は違った。まず、この演説の内容を見てみよう。

「ただいたずらに聖戦の美名に隠れて、国民的犠牲を閑却し、曰く国際正義、曰く道義外交、曰く共存共栄、曰く世界の平和、かくのごとき雲を掴むような文字を列べ立てて、そうして千載一遇の機会を逸し、国家百年の大計を誤るようなことかありましたならば(中略)現在の政治家は死してもその罪を滅ぼすことは出来ない」

1936年5月，衆院本会議で粛軍演説をする斎藤隆夫(朝日新聞社／アマナイメージズ)

斎藤の演説が興味深いのは、これがいわゆる「平和主義」に基づいたものではないという点にある。曰く、

「現実に即せざるところの国策は真の国策にあらずして、一種の空想であります、まず第一に東洋永遠の平和、世界永遠の平和、これは望ましきことではありまするが、実際これが実現するものであるか否やということについては、お互いに考えねばならぬことである。古来いずれの時代におきましても平和論や平和運

動の止むことはない。宗教家は申すに及ばず、各国の政治家らも口を開けば世界の平和を唱える。また平和論の前には何人といえども真正面からして反対は出来ないのであります。しかしながら世界の平和などが実際得られるものであるか、これはなかなか難しいことであります。

（中略）

国家競争は道理の競争ではない。正邪曲直の競争でもない。徹頭徹尾力の競争である。世にそうでないと言う者があるならばそれは偽りであります、偽善であります。我々は偽善を排斥する。あくまで偽善を排斥してもって国家競争の真髄を摑まねばならぬ。国家競争の真髄は何であるか。曰く生存競争である。優勝劣敗である。適者生存である。適者即ち強者の生存であります。強者が興って弱者が亡びる。過去数千年の歴史はそれである」

また、斎藤は日中戦争を、以下のように規定している。

「即ちこのたびの事変は支那が日本に対するところの認識不足、また日本が支那に対するところの認識不足、この二つの原因によって始められ、またこれが深められたものに相違ない」

お互いが正義を主張したところで平行線だし、正義が勝つわけでもない。こんな終わりの見えないバカげた戦争は早くやめて、民政に力を入れたほうがいいというのが斎藤の主張だった。

斎藤は無産政党に属した経験はなく、きわめてまっとうな保守政治家であった。実際に、いま出石に残る斎藤隆夫の記念館静思堂には、安倍晋三をはじめ、歴代総理（自民党総裁）の書が並んで掛けられている。

斎藤は、その保守の矜持を守って、リアリズムに徹した演説を行った。しかし、すでに時代は正気と狂気が反転しており、この演説は大問題となった。まず「いれずみ大臣」と呼ばれた小泉又次郎（進次郎氏の曽祖父）たちが離党勧告を出すことで収拾を図った。しかし事態はそこに止まらず、結局、斎藤隆夫は圧倒的多数を持って、国会を除名されることになる。

斎藤隆夫のまち〈２〉……二〇一九年九月

二〇一九年九月二七日をもって私が豊岡市民となった顚末までは先月記した。

しかし実際には、新居で眠れたのは一晩だけで、二八日からまた旅の連続だった。京都府福知山市（ここは泊まっただけ）、二九日福島県いわき市でシンポジウム。三〇日、一〇月一日、東京藝大で授業、ラジオ収録。二日は京都で『走りながら眠れ』の舞台稽古。三日、宝塚市の小学校で授業と大阪大学での講義。四日、五日、札幌に飛んで北海道文教大学で講演とワークショップ。六日、新千歳から名古屋セントレア空港に飛んで豊田市で講演。さらに東京に戻って打ち合わせ。

七日、また北海道へ。十勝、幕別町で授業と講演。深夜に札幌へ。八日、仙台空港に飛んで福島市教委で講演会。九日、福島県立ふたば未来学園で終日授業。夜、東京に出て劇作家協会のセミナー。一〇日、宝塚の小学校で授業と大阪大学での講義。そしてやっと自宅へ。一〇日ぶりの自宅は、ほぼほぼ荷物も収まるところにおさまり落ち着きを見せていた。

さて、先月、書きかけになってしまった斎藤隆夫の話も続きを進めよう。

斎藤は一九四〇年二月、日中戦争拡大を批判する反軍演説を行い、翌月、国会を除名される。このとき六九歳。脳梗塞の疑いから長く病床についていたが、時勢を憂いて議場に復帰し一時間半の演説を行った。しかし、一九三六年の粛軍演説はマスコミも味方をしたが、すでに時局は大きく流れを変え、この反軍演説は多くの人々の非難の的となった。

このときの除名決議の内容が興味深い。

四四七票中、賛成は浅沼稲次郎、河上丈太郎、三木武夫、小泉又次郎、安倍寛など二九六名。鳩山一郎、大野伴睦、尾崎行雄、世耕弘一など一二一名が棄権。安部磯雄、片山哲ら二三名は欠席。反対票を投じたのは芦田均ら七名のみであった。

当時の様々な政治力学もあっただろうが、左右入り乱れて党議拘束も効かず、各々がそれぞれの意志で投票を決めたことが見て取れる。実際、このあと各自の投票行動を巡って各政党とも混乱が起こり、図らずも政党の力を一層弱める結果ともなってしまった。

多数の力によって国会を除名された斎藤は、傷心のまま、故郷但馬に戻る。

しかし、故郷の選挙民はこの反骨の士を次の総選挙において、圧倒的得票のトップ当選で国会に送り返す。時に一九四二年四月、すでに太平洋戦争は始まっている。

このときの兵庫五区、但馬選挙区の開票結果も面白い。

斎藤隆夫（非推薦）　一九七五三票　当選
佐々井一晁（非推薦）　一二二六八票　当選
木崎為之（推薦）　一二〇六六票　当選
若宮貞夫（非推薦）　一一二九〇票　次点

上位二人は大政翼賛会非推薦。僅差の次点も非推薦だから、この選挙ではあやうく三名当選のすべてが大政翼賛会非推薦の候補となるところだった。ちなみに当選した木崎為之は但馬の出身ではない。翼賛会からのいまで言う落下傘候補、あるいは刺客だったのかもしれない。また、これは前回も触れたことだが、非推薦の候補たちは決して無産政党の出身ではない。普通の保守政治家たちであった。公職追放を免れた斎藤は戦後も議員を続け、第一次吉田内閣において七五歳で初入閣。さらに片山内閣でも入閣を果たす。

一九四九年一〇月七日、現職の国会議員のまま、この世を去る。享年七九。

いまも斎藤の故郷、豊岡市出石町には記念館「静思堂」がある。昨年夏、石破茂氏が自民党総裁選挙出馬の直前にここを訪れ、「世論に迎合したい、自分の身が大事との思いにとらわれそうになる時、斎藤氏を思い出すと、これじゃいかんと思う。一歩でも近付きたい」（二〇一八年七月二八日・朝日新聞）

と語ったことが大きく報道されたので、ご記憶の方も多いだろう。

出石は、禁門の変で京を追われた桂小五郎を最初にかくまった地でもある。但馬には、都を追われた者をかばい、英気を養わせ、そしてさらにまた中央へと送り返す気風がある。

いや別に、私は都落ちをしたわけではないが。

第2章

見えない敵と戦う——コロナ禍のはじまり

城崎温泉の冬景色

山名宗全、桂小五郎　……二〇一九年一一月

但馬に冬が来る。

つい数週間前まで、日中は半そでで過ごしていたのに、一一月の声を聴くと朝晩の冷え込みが急に激しくなり、庭には霜が降りるようになった。車のディーラーさんからは冬タイヤの見積もりが届き、そろそろ雪かきグッズもそろえなければならない。

豊岡は盆地なので夏暑く、冬寒い。日本海側だから雪も多く降る。私が暮らす江原地区は、本格的に雪が積もるのは、せいぜい年に二、三度と聞いている。だが、それでも備えはしておかなければならない。

家から二〇分も車を走らせれば、関西有数のスキー場、神鍋高原に着く。ここは近年、「日本一暖かいスキー場」というのを売りにしている。標高は低いのだが、日本海から来る湿った風をまともに受けるので降雪量は多い。スキー場としての雪質は北海道などとは比べるべくもないが、しかし東南アジアから来て雪を初めて見る人々には格好の雪遊びの場所となる。

これからの十数年で、雪を見たことのない中間層が約五億人は生まれる。これまでは、ほぼすべて

の先進国は高緯度地方に位置してきた。しかしこれから中国南部から東南アジアにかけて、経済の発展に伴い中間層がさらに生まれ、海外旅行へ出かけるようになるだろう。この人々は初めは雪を見ただけで感動してくれる。神鍋はその受け皿となる。昼はここで雪遊びを楽しみ、夜は城崎で温泉につかってもいい。

スキー場の方たちにとっては、暖冬で雪が少ないのは死活問題だ。私も多少の不便は我慢しても、雪の多い冬を願っている。

盆地は一日の寒暖の差も激しく、そのため明け方は霧も深い。周囲の山々から冷気が降りてきて、大気中の水蒸気が飽和に達し水滴となり霧が発生する。私の書斎の窓からも、霧のかすむ山々が美しい。この季節は、霧のためによく飛行機も欠航する。

この寒暖の差が、葡萄などの果樹の栽培には適しており、但馬の農業を彩っている。地元のスーパーに行くと、規格外の高級葡萄が驚くほど安く売られている。

地政学的に見ると、古来、盆地は、兵を休め養うには最適とされてきた。古くは三国志の劉備が四川盆地に蜀漢を開き、甲府盆地には戦国最強とうたわれた武田の騎馬軍団が育った。外での戦いに敗れても盆地に逃げ込めば追手は来ない。いずれも、いつの日か中原に覇をとなえんと、そこで密かに兵を養ってきたのだ。

応仁の乱という中世史上の謎の大乱も、それを単純化して考えるなら、いくさはすこぶる得意だが政治はからきし苦手な山名宗全という不可思議な武将が、緒戦はよく戦い、しかしやがて京での政争に敗れ、敗れるごとに兵の主力は城崎城(豊岡城)に引き返し、さらに、ここで英気を養ってはまた戦乱の地に打って出るというその繰り返しだったのではないか。

豊岡盆地の地味が、いたずらに京の戦乱を長引かせたのだ。もちろん戦に疲れた兵たちは、城崎の湯で身も心も癒やしたことだろう。宗全は、後世の評価では傲慢・不遜とされているが、部下には優しかったという記録もある。戦好きの気のいい親父といったところだったのではあるまいか。

先月は斎藤隆夫の話を書き、そして最後に桂小五郎の逸話を引いて「但馬には、都を追われた者をかばい、英気を養わせ、そしてさらにまた中央へと送り返す気風がある」と書いた。これをもう少し詳しく記しておこう。

城崎温泉の「つたや」という老舗旅館には、桂小五郎の書が残っている。

蛤御門の変(禁門の変)で長州藩は実質的に壊滅し、桂小五郎は物乞いの姿に身をやつして京の街に潜伏、後に妻となる芸者幾松などの力を借りてやがて都を脱出し但馬に至る。この逃避行の手引きをしたのが出石の商人広戸甚助であった。驚くべきことに、三一歳の桂は出石、城崎に半年以上も身を隠している。いまとは時間の感覚も異なるのだろうが、意外に長い逗留だ。

当初、出石に匿われていた桂だったが、無聊を慰めようと甚助は、この反逆児を城崎温泉へと連れ出す。そこでつたやさんに泊まったらしい。いまでは桂小五郎を匿った宿として本家の出石よりも有名になっている。

当時、但馬の多くの人々は、桂小五郎を幕府にたてついた謀反人とは知らずにもてなしていたそうだ。来る者を拒まない土地柄なのだろう。

いにしえより、都での政争に敗れた者たちが、多く、この地を通った。京都から山陰路を辿れば、人は初めて但馬で海と出会う。その荒れた海を眺め、自らの境遇をそこに映し、そして捲土重来を期したに違いない。隠岐に流された後鳥羽上皇も後醍醐天皇もこの地を通った。あるいは山名宗全も桂小五郎も、ここで再興の戦略を練った。

城崎温泉は来年、開湯一三〇〇年を迎える。道智上人が難病救済を祈願して、一〇〇〇日の修行の末に開いたというのがその由来だ。しかしそれ以前に、コウノトリがけがを癒やしたという伝説もある。おそらく、この地は常に、都で傷ついた者たちの癒やしの場だったのだ。それがコウノトリ伝説に結びついているのではあるまいか。

そう考えると、東京で市電にひかれて瀕死の重傷を負った一文士がこの地に逗留し、生きていることと死んでいることの端境に思いをはせたこともまた偶然ではあるまい。

城崎温泉は、インバウンドが五年で四〇倍になった。ほとんどは個人客で、京都、大阪から列車で城崎に入る。人々は城崎に来て口々に、「やっと自分の探していた日本があった」と言う。木造三階建ての旅館の町並み、大谿川沿いの柳の並木、浴衣でのそぞろ歩き。海外の観光客は、多くが口コミでこの街に集まってくる。

海内随一と言われた城崎温泉が、いま、グローバリズムに疲れた人々の癒やしの郷になりつつある。

生活の話に戻ろう。

一〇月下旬は『その森の奥』の韓国公演があったが、それでも少しずつ自宅で過ごせる日も増えてきた。

豊岡では様々な情報は全戸配布の防災無線を通じて伝えられる。先日は、町内で散歩中のご老人が熊に襲われた。雪に備えるこの季節は、熊やイノシシにも注意をしなければならない。

他はすべて快適である。

妻も車の運転に慣れ始め、先日は、見事にガレージの柵に新車をこすった。

二歳になる子どもは、庭先を走り回っている。

空気はうまく、野菜は滋味にあふれている。これ以上、何を望むことがあろうか。あとは来春に劇場ができ、稽古場ができれば、ここから世界に打って出る準備は整う。

採用試験 ……二〇一九年一二月

年内に一度は降ると聞いていたのだが、この原稿を書いている一二月中旬、まだ但馬に雪は降っていない。それどころか、豊岡市では数日前に日中一七度前後を記録して、いったい、いつになれば本格的な冬になるのかという雰囲気だ。

私はあいかわらず、日本中を駆け回り、江原の自宅に帰れるのは週に一回程度。同じように東京も、一〇日に一度は訪れる。

引っ越してから、まだ二カ月と少しだというのに、すでに東京での往来が息苦しくなってしまった。東京にお住まいの方には申し訳ないが、「よくもこんなところに五六年間も暮らしていたものだ」と思う。

私の故郷、駒場は、それでも商店街がかろうじて残っていて、やはり帰ればほっとするところもある。しかし電車に五分ほど乗って渋谷に着くともうダメだ。東京生まれの東京育ちのくせに、早くも人混みが苦痛になってしまった。

妻も「まったく帰りたいとは感じない」と言う。文字通り、空気が違うことが実感できる。何を幸せと思うかは人それぞれだけれど。


一一月の末に豊岡市の職員採用試験があった。

豊岡市では、三年前から職員採用試験に演劇などのグループワークを導入している。いよいよ演劇をやれないと公務員になれないという時代が来た。

問題の素案は、毎年、私が考える。たとえば初年度に出した課題は、以下のようなものだった。

問題

以下の題材で、ディスカッションドラマ(討論劇)を創りなさい。

課題

二〇三〇年、豊岡で繁殖したコウノトリが増えすぎ、ついに二つ隣の新温泉町で登校中の児童を襲うという事件が発生しました。

このままコウノトリの繁殖を続けるかどうか、豊岡市役所内でも議論が起き、対策の諮問委員会を設置することとなりました。

この問題についてのステークホルダーを洗い出して、ディスカッションドラマを創りなさい。登場人物を決定する際には、豊岡市の旧一市五町のこの問題に対する温度差も含めて表現してください。

ディスカッションドラマですので、ディスカッションをして自分の意見を通すことが目的ではありません。各自が役割を分担して、どうすれば全体の議論が盛り上がるかを考えて、最後に、一〇分前後のディスカッションドラマを発表していただきます。

〈参考〉

登場人物を考える際には、そのキャラクターも考えてください。頑固な人、優柔不断な人、協調性のある人。議論がうまくいく方法ではなく、どうしてうまくいかないのかを考えましょう。さらに誰が、どの順番で、どのような発言をすれば議論が盛り上がるかを考えてください。議論がかみ合うだけが目的ではありません。わざと脱線させたり、その脱線にヒントがあったりするかもしれません。

演劇の試験ではないので、演技のうまい人が有利になることはありません。あくまで創作のプロセスを見ます。

ただし、午後の面接では、午前中のグループワークについて多く聞かれるので、皆さんベストを尽くしてください。（問題文ここまで）

今年の課題は、二〇四〇年に日本海でいよいよカニが採れなくなり、環境保護団体からも強い圧力がかかるなか、豊岡市城崎温泉の名物カニ料理をどうして守っていくか検討委員会を作るというものだった。

グループワークを見ていると、いくつかの特徴が見えてくる。

海外の大学でこういった課題を出すと、まず全員が、その課題について自分がどのような貢献ができるかを発言する。例えば先の課題なら、

「大学で水産科にいました」

豊岡市の職員採用のためのグループワーク模擬試験の様子

とか、

「カニ漁ではないけど、親戚が漁業をやっています」

「城崎温泉出身です」

といったようにだ。

しかし日本の学生や受験者は、名前を名乗ったあとに自分の趣味などを語って、いきなり作業に入る。おそらく公務員予備校でも、「グループディスカッションの際は、まず自己紹介から」と習ってきてはいるのだろうが、こういったハードなタスクを課されたグループワークの経験が少ないのだと思う。

この試験では、会場にPCが置いてあり検索可としてあるのだが、この使い方も、あまりうまくない。おそらく普段、解らないことだけを調べる、目的に一直線に向かっていく検索しか行っていないので、何か役に立つことはないかと周辺の検索を繰り返すような想像力に寄与する検索の仕方ができない。いや、そういった検索の仕方は習っていない。

この試験ではリーダーシップも必要だが、議論をまとめたり、タイムキープをしたり、自分の資質に合った行動をとることも要求される。他者の意見に耳を傾ける姿勢や、率先してホワイトボードを使いこなす書記、先のようにＰＣを使った検索に回ることも評価の対象となる。

グループワークの審査の側には必ず、各年代の男女を入れている。特に若い女性の職員は必須としてもらっている。管理職だけで審査をすると自分の言うことを聞きそうな人間を選んでしまうからだ。「能力を見る試験から、働く仲間を選ぶ試験に変えていく」というのが豊岡市の職員採用試験改革のコンセプトだった。若い試験官たちには「この人となら一緒に働きたいと思う人を選んでください」と伝えている。長期的に見れば、これは職場の士気を上げることにもつながるだろう。いままではコネ採用かと疑うような、誰が取ったか解らない人と仕事をしなければならなかったが、これからは自分たちで選んだ「仲間」と職場を共にするのだ。

午前中のグループワークに加えて、午後からは市長、副市長、教育長らによる最終面接が行われる。ここでも午前中のグループワークについて様々な角度から質問が出る。

今どきの受験生たちは、予備校でしっかり準備をしてくるので面接もそつなくこなす。しかしこのタイプの試験方式なら、準備がしにくい面接となる。さて、このようにして集められた人材が、はたして豊岡市のためにどれだけ働いてくれるかは、二〇年、三〇年先を見ないと解らないのだが。

江原河畔劇場〈1〉……二〇二〇年一月

雪が降らない。

正月を過ぎても豊岡市の積雪はゼロで、数十年に一度の暖冬といわれている。神鍋高原のスキー場は、どこも悲鳴を上げだした。日本海側なので冬は曇り空が続くのかと思っていたら、意外と晴天の日も多く拍子抜けするほどだ。

年末年始は家族と過ごすことができた。

一二月二九日。昼間に東京での稽古納めをして飛行機で豊岡へ。羽田から伊丹乗り換えを利用すると二時間ほどでコウノトリ但馬空港に着く。空港には妻と子どもが迎えに来てくれた。一週間ぶりに家族で夕食。

三〇日は家族写真を撮りに行った。豊岡市街、公設市場の一角に最近出来たフォトスタジオでずいぶん丁寧に撮っていただいた。豊岡市もご多分にもれず駅前の商店街は壊滅状態だが、一歩奥に入ったあたりに若い人たちがおしゃれな店を出し始めている。この流れが続けばいいのだが。

ここで家族と別れ、私は銀行で、あとで触れる新しい劇場のための融資の手続き。さらにいくつか雑用を済ませてから城崎温泉へと向かう。この日は、劇場建設のためのクラウドファンディングの宣伝素材として、移住の先輩である漫画家のひうらさとるさんのご自宅に伺い対談を行った。『ホタルノヒカリ』で有名なひうらさんは、パートナーの田口幹也さんが日高の出身なのだ。東日本大震災のあった二〇一一年の夏に一時的に家族で帰郷をしたところ、母子ともに豊岡が気に入り移住(田口さんにとってはUターン)をすることになった。現在、漫画は完全にネット入稿なので、どこに暮らしていても不自由はないらしい。なんと、ひうらさんのアシスタントは千葉にいると聞いた。

「江原河畔劇場」改修工事現場ツアーを開催(2019年12月6日)

江原河畔劇場内部の改修工事を見学(2019年12月6日)

帰郷後、田口さん夫妻は日高の神鍋高原に住んでいた。東京でクリエーターをしたりワインバーを経営したりしていた田口さん自身は、フリーな立場で豊岡のまち作りのお手伝いなどしていたのだが、私が城崎国際アートセンターの芸術監督に就任するにあたって常勤の館長職に就いていただいた。いまは家族揃って城崎の温泉街に暮らしている。

年末の城崎温泉は大混雑で、すべての駐車場が満杯だった。町外れにあるアートセンターの駐車場に車を停めて急いで田口家に向かう。対談は一時間ほどで無事に終わった。ひうらさんからは、「移住のコツは外国人枠でいることです。無理に同化するのではなく、「あの人は特別だから」くらいに思われているのがいい」とアドバイスをいただいた。

車で家に戻って、二つ隣の中田家にお邪魔する。今日は中田家で餅つきがあり、妻と息子もそれに参加していた。お餅を少しいただいてから三人で家に戻り、すぐに買い物に出かける。正月の予定がどうなるかわからないので、最低限の食材だけは買っておく。

大晦日。昼は先に移住をしてきた劇団員家族と一緒に、神鍋のうまいそば屋さんで年越しそばを食べる。

夕方からは、お隣の田口家に伺う。先に記した田口幹也さんの実家である。元は造り酒屋だったという大きなお屋敷で、とれたての脂ののった鰤をいただく。お酒は地元の香住鶴。田口さんのお姉様の料理がどれもおいしく、少し食べ過ぎた。

この晩は、近くの寺から除夜の鐘をつきに来ないかと誘われていたので、子どもに初めて夜更かしをさせてみた。我が家では、なぜか正月の雑煮だけは私の担当ということになっているので、夕食後、私は台所に入って雑煮の準備をし、妻と息子は紅白を見ながら遊んでいた。大トリの嵐が歌い始めると、突然、我が子が服を脱ぎ始めた。一二月に二歳になったばかりの息子は、まだおむつが取れず、緩やかにトイレトレーニングを始めたところなのだが、初めて自分から服を脱いで「トイレに行く」と意思表示をした。しかも、なぜか全裸で。嵐、恐るべしだ。

トイレでアンパンマンのおまるにまたがったものの、特に小便は出ずにやがて紅白も終わった。急いで着替えて近所のお寺に向かう。いろいろな人に挨拶をされ、甘酒をいただき、妻も私も生まれて初めて除夜の鐘をついた。

元旦。朝は私のお雑煮。昼からは中田家で新年会だった。また、いろいろな人に挨拶をして、少し早めにおいとまをした。

二日は福知山までドライブをして動物園に行った。

三日は午前中いっぱい、近くの日高小学校の校庭で息子と遊んだ。夕方、引っ越しの際に納戸にしまってあった屋内用のジャングルジムを組み立てていると、お向かいの友田さんがやってきた。玄関を出てみると衆議院議員の谷公一さんとご一緒だった。我が家が土地を分けていただいた友田家は代々県議会議員を務められてきた家柄で、その縁で谷さんがお年始に来たらしい。玄関先、ジャージ姿で新年のご挨拶をする。

四日は、妻が買い物をしたいというので豊岡市街に行き、私と息子は駅前の子育て支援センターで遊んだ。それから家族でファミレスで食事をして家に戻る。

五日の朝、コウノトリ但馬空港は帰省を終えて都会へ戻る家族で賑わっていた。私もここで妻と息子と別れ、また東京へと向かう。

羽田から直行で、桜美林大学で演劇コースをともに立ち上げた坂口芳貞さんのお見舞いに伺う。桜美林の一期生、二期生も集まっていた。坂口さんに新しい大学の構想を話してご自宅をあとにする。夕方から二〇二〇年の稽古始め。

六日は、やはりクラウドファンディングの宣伝素材として、叔父の大林宣彦との対談を収録。こうして私の正月は終わった。もちろん、子どもと遊ぶ合間には、たまっている原稿を書き、劇団の雑務もこなした。

温かいご近所に囲まれた、幸せな年末年始であった。

江原河畔劇場〈2〉 ……二〇二〇年二月

二月三日から始まったクラウドファンディングは、ありがたいことに三日で一〇〇〇万円を集め、その後も数字を伸ばしている。

新しい劇場ができる。

この劇場は、築八〇年の旧日高町の町役場を改築して開業する。街の人々の思い出がいっぱいに詰まった劇場になる。

原則として、すべての稽古は公開とする。街の人々は、いつでも稽古を覗くことが出来る。

高校生以下は一年中、何度でも観劇無償とする。

小学校の高学年から高校生くらいまでを対象とした本格的な児童劇団も作る。子どもたちの放課後や週末の居場所となるような、それでいて最高峰の演劇作品を共に創れるような場所になる。

私がこれまで東京で開いていた演劇私塾も、ここ日高で再開したいと考えている。二〇二一年になれば大学も開学するのだが、それとは別にプロの養成機関を作る。全国から若い俳優、劇作家、演出家、スタッフの卵たちを集めて、神鍋高原で合宿型のセミナーを開く。豊岡の地から、日本の演劇界の未来を担う人材を輩出したい。

クラウドファンディングの最終目標である五〇〇〇万円が集まった場合（まだまだ道のりは遠いが）は、劇場の外側にウッドデッキを増設する。江原河畔劇場は、その名の通り、円山川のたゆたう流れに面して建っている。ちょうど川が大きくカーブするところに位置していて、ここから眺める円山川と但馬の低山の景色は抜群だ。ここにウッドデッキをつくって、地元の方たちと劇場を訪れるアーティストたちがビールを飲んだり、子どもたちがソフトクリームをなめたり出来る場所を作りたい。

夏になったら、この川にカヌーを浮かべる。すでに支援者の方からカヌーを貸していただけることになっていて、出来れば、その船着き場も作りたい。演劇祭の季節になれば、世界中からアーティストと演劇ファンが集まり、芝居を見る傍らでカヌーや川遊びを楽しむ。いささか日本離れした風景が現出する。

夢物語を言っているわけではない。

三月末の仮オープンでは、地元の商工会がくす玉割りや餅まきはもちろんのこと、熱気球を飛ばせないかと画策している。神鍋高原にはそのノウハウがあるので、決して不可能なことではない。

小さな劇場が町のシンボルとして動き始めるのだ。

残念ながら東京の一極集中は、これからも加速度を増していくだろう。しかし、そこになにか一矢報いたいではないか。小さいながらも抵抗の灯火をともしたいではないか。

毎年のように訪れている富良野で、今年もモデル授業をした際に、その小学校の校長先生から「平田さん、日本はこの先、どうなってしまうのですか？」と真顔で聞かれた。きわめて平均的な、子ども好きの、教育畑一筋の校長先生が、真剣に聞いてくるのだ。

富良野のように観光で潤っている町でも少子化が急速に進み、多くの小学校が統廃合に追いやられていく。この国は、どうなってしまうのか？

教育の問題は、もちろん地方だけのことではない。いや、東京の方が、より深刻だと言ってもいい。この三月、私は、『22世紀を見る君たちへ』(講談社現代新書)という教育問題を扱った新刊を上梓する。ここでは主に、今般の大学入試改革に関する諸問題を扱っているのだが、そのあとがきに、私は自分の移住の理由の一つとして以下のようなことを書いた。重複をご容赦いただいて抜粋する。

私は東京の目黒区駒場という街に生まれ育った。私自身は駒場幼稚園、駒場小学校、目黒一中、都立駒場高校定時制と徒歩五分圏内のところで通学を済ませてきた。ただそれでも、この環境は多少、特殊だった。東大のキャンパスに食い込むようにしてある駒場小学校は、何の変哲もない公立小学校だが、私の学年は一〇〇人中五人が東大に進んでいる。これは近年、教育社会学でよく言われるようになった「進学意識」の格差の典型だ。

そんなわけで駒場小学校は昔から「隠れ越境入学」がいるほどの人気校である。少子化のいまも一学年二クラスから三クラス、六〇人から八〇人が在籍している。隣の菅刈小学校も二クラス五〇名程度。しかし、この二つの小学校は現在、七割前後が中学受験をする。その結果、二つの公立小学校から進学するはずの目黒一中は学年二クラス約四五名程度しか生徒がいない。すなわち目黒区北部では、約四割しか地元の中学校には進学しないのだ。そしてその四割は、中学受験を選ばなかった層と、中学受験に落ちた子どもたちで構成されている。

中高一貫校の良さも多くあるが、私個人は、多様性の観点から、できれば自分の子どもは中学校くらいまでは公立の方がいいのではないかと考えてきた。だが、もはや東京の都心部では、公立中学にも「多様性」は存在しないのだ。公教育が、気がつかないうちに、ゆっくりと崩れていっている。これは単に、格差の再生産といった問題だけではない。

たとえば地元の子どもが四割しか行かない中学校になってしまうと、おそらく一番困るのは災害の時だと思う。誰がどこの子どもかが誰にもわからない。まして東日本大震災の時のように通学時間帯などに震災が起きれば、地域と子どもたち(その背後にいる家族)の結びつきの弱い東京は、おそらく大パニックになるだろう。

しかし、このことを誰も指摘しない。

親は自分の子どもがかわいいから、その子どもにとってよかれと思う進路選択をさせる。地元の子どもが四割しか行かない中学に進学させるのは、正直、それなりのリスクがある(名誉のために書いておくが、目黒区の中学校はそれぞれの教員たちの献身的な努力で、学力なども一定の水準を保ってはいる)。

東京では私立だけではなく、都立の中高一貫校も人気だ。それに対抗するかのように、品川区などでは小中一貫の義務教育学校が増えている。子どもたちが草刈り場になって、それぞれの学校に囲い込まれていく。

繰り返すが、個々人の判断も、各区や都の教育委員会の制度設計さえも、とりあえずは大きく間違ってはいない。

しかし、すでに制度疲労を起こしている六・三・三・四制そのものの改革を放置し、各自が場当たり的に判断を行うので、公教育がゆっくりと崩壊していっているのだ。

この緩やかな崩壊が社会に何をもたらすのかの真剣な議論もない。

私が豊岡に引っ越しをした大きな理由の一つが、ここにあった。豊岡で公立の学校に通わせながら、地域の中で子どもを育てたい。幸い、ご近所にも恵まれて二歳の息子は、近隣のお兄ちゃん、お姉ちゃんと毎日遊んでもらっている。

二月一三日。坂口芳貞さんの訃報が届く。生前にお見舞いが出来たのはせめてもの救いだった。桜美林の演劇コースを作るために戦った同志に、出来れば新しい大学と劇場を見てもらいたかった。

二月一八日、文学座での告別式。信濃町駅の近くまで長蛇の列が出来ていた。

見えない敵と戦う……二〇二〇年三月

二月の上旬には、クラウドファンディングと並行して、新しい大学の認可を受けるための設置審（大学設置・学校法人審議会）の審査が始まった。準備のための会議の頻度も格段に多くなった。

同じく二月六日から、約一年をかけて制作してきた『東京ノート・インターナショナルバージョン』の吉祥寺シアターでの上演が始まった。日本、韓国、タイ、フィリピン、台湾、アメリカ、ウズベキスタンの七カ国の俳優が集まった巨大プロジェクトが大団円を迎えようとしていた。

まだこの時点では、コロナのことは話題にはのぼっても、どちらかといえば海の向こうの話だった。ただし、この一週間後には日本で初めての死者が出て、少しずつ不安が劇場を包んだ。

二月二〇日、政府は大規模イベント主催者へ「必要性の検討」を要請。二一日、日本での感染者が一〇〇人を超えた。台湾の出演者に、「本国では厳戒態勢をとっているようなのだけど、この公演は大丈夫なのか？」と聞かれる。この時点では「日本で閉鎖になった劇場も中心になった公演もないので、千秋楽まで、おそらく上演可能だと考えている」と答えた。

二六日、スポーツやイベントの二週間の中止、延期ないしは規模縮小の要請が出される。

この前後、先方からの連絡で、三月第一週に予定されていた『その森の奥』のフランス公演の中止が決定した。すでに航空券まで買ってあったのだが、これがただの紙切れとなる。

それでも私個人としては、まだそれは対岸の火事だった。コロナよりも大学設置審から厳しい回答が来たことの方が気が重く、連日の会議や追加の資料作成に追われていた。

二八日、北海道で緊急事態宣言。三月一日、『東京ノート・インターナショナルバージョン』千秋楽。小規模の公演だったから、なんとか無事に終えることが出来た。

三月三日、今度は別役実さんの訃報が届く。時節柄、お別れ会などはしばらく開けないようだ。いくつか新聞社などからコメントの依頼が来た。

前後して、三月末の『馬留徳三郎の一日』尼崎公演は、市側と協議の上、延期となった。同じく東京公演も中止。五月に予定している四年ぶりの全米ツアーも実施が危ぶまれている。総崩れの状態の中、いまのところ豊岡での公演だけが、安全対策を整えたうえで上演の準備が進められている。

兵庫県は感染者数が伸びているが、それは阪神間から姫路の県南のみで、但馬・豊岡はまだのんびりとしたものだ。学校も、二月末の安倍首相の一斉休校の「要請」を受けていったんは閉まったが、豊岡市や近隣の市町は、いち早く一九日から小中学校を再開した。学校を閉じておく方が、様々な意味でリスクが大きいと独自に判断をしたからだ。

以前、この日記にも書いたが、やはり盆地は強いなと思う。古来、劉邦や武田信玄など、盆地で兵を養った武将は多い。但馬を本拠地とした山名宗全もその一人だ。おそらく、そこには感染症などを防ぎやすいという条件もあったのだろうといまにして思う。人口密度の高い都で疫病が流行っても、交通を遮断してしまえばその影響は少ない。その間、兵をゆっくりと休めて、やがて中原に覇を唱えることも夢ではない。

さて、私たちの劇団も厳しいが、演劇業界全体は、もっと大変なことになっている。少し詳しく、整理をしてみよう。

政府からの自粛要請を受けて、三月一日、演出家で東京芸術劇場芸術監督の野田秀樹さんが以下のような意見書を発表した。長いが全文を引用する。

意見書　公演中止で本当に良いのか

コロナウィルス感染症対策による公演自粛の要請を受け、一演劇人として劇場公演の継続を望む意見表明をいたします。感染症の専門家と協議して考えられる対策を十全に施し、観客の理解を得ることを前提とした上で、予定される公演は実施されるべきと考えます。演劇は観客がいて初めて成り立つ芸術です。スポーツイベントのように無観客で成り立つわけではありません。ひとたび劇場を閉鎖した場合、再開が困難になるおそれがあり、それは「演劇の死」を意味しかねません。もちろん、感染症が撲滅されるべきであることには何の異議申し立てするつもりはありません。けれども劇場閉鎖の悪しき前例をつくってはなりません。現在、この困難な状況でも懸命に上演を目指している演劇人に対して、「身勝手な芸術家たち」という風評が出回ることを危惧します。公演収入で生計をたてる多くの舞台関係者にも思いをいたしてください。劇場公演の中止は、考えうる限りの手を尽くした上での、最後の最後の苦渋の決断であるべきです。「いかなる困難な時期であっても、劇場は継続されねばなりません。」使い古された言葉ではありますが、ゆえに、劇場の真髄をついた言葉かと思います。

野田秀樹

私もすぐにツイッター上で賛意を表明した。しかし、これが物議をかもすことになる。

演劇は通常、延期が非常に難しいジャンルだ。都内の主な劇場は二年先くらいまで予約が埋まっている。もし幸運にも空いていたとしても、そこに俳優たちのスケジュールを合わせることも、まず不可能だ。上演中止は、若い劇団にとっては、集団の活動が今後継続できないほどの打撃となる。

では上演が許される場合はどのような場合かを、具体的に考えてみよう。

一・規模の問題

当初、小池百合子東京都知事は、二月二一日の記者会見で五〇〇名以上の大規模な集会やイベントは自粛してほしいと語った。これは非常にわかりやすい線引きだった。

ところが二月二六日、安倍首相から二週間、「大規模なイベント」の中止要請が出された。この「大規模」が何を指すのか不明瞭だったので業界は大混乱に陥った。私たち演劇人の感覚では、「大規模」というのは、やはり五〇〇人から一〇〇〇人以上のイベント、公演などを指す。もちろん、事態がより深刻になれば、この基準は変わるだろう。三月中旬、ニューヨークでは五〇人という基準が打ち出された。

二．ジャンルや形式の問題

野田さんや私の発言は、スポーツや音楽を下に見ているという見当違いの批判にもさらされた。パフォーミングアーツ、あるいはもっと広くライブやスポーツ観戦全体、さらには他の娯楽をとってみても、当然、感染リスクの高いものと低いものがある。これはその後、専門家会議からも発表があった。これらのリスクの高低は、もちろんジャンルの貴賤とは関係がない。

先に小規模ならリスクが少ないと書いたが、例えば麻雀のように四人でも非常に感染リスクの高い娯楽もある。カラオケも同様だろう。

一方、初期段階ではライブハウスが大きな問題となったが、同じ音楽鑑賞でもクラシックの室内楽で、席も一つずつ開け、短い曲にプログラムを変更し、一五分ごとに換気をするといった工夫があれば感染リスクは大幅に軽減する。もともと日本の「劇場」は換気についての基準が相当厳しく定められている。

観客が密集し飲食も提供されていたライブハウス(一部報道ではライブバーとなっていて、こちらの方が正確だろう)と、これらのコンサートを十把一絡げに扱うのは乱暴な議論だ。

三．それでも必要なのか(芸術の公共性)

以上の一、二をふまえて、舞台芸術については、「でも、いま、やらなくてもいいのではないか?」という意見も当然あるだろう。ここからは芸術の公共性の問題になる。

演劇は興行の部分を多く含むので、人々の受け止め方も多様になることは仕方ない。ただ私たちアーティストサイドは、芸術には、教育や医療と同等の公共性があると信じている(もちろん、そうは思っていない方もいることも理解はしている)。

たとえば、いま全国で休校措置がとられているが、様々な工夫で学校を再開したり、学童保育を延長したりしている自治体も多くある。午前中から開いている学習塾も多い。そこには子どもたちが集まってくるが、それを、多くの人は「身勝手」とは呼ばない。教育の高い公共性をみなが認めているからだ。

週に二、三度の散歩が健康維持に必要なように、週に一度程度、芸術に触れることは、人生にとって大事なことだと私は思う。もちろん、「散歩なんかしなくても俺は健康だ」という人がいるのと同様に、「芸術なんて必要ない。好きな奴だけやっていればいい」という人もいるだろうが。

見えない敵と戦う〈2〉……二〇二〇年四月

この原稿を書いている四月一五日現在、私が暮らす兵庫県豊岡市、あるいはその周辺の但馬地方では新型コロナウイルスの感染者はまだ出ていない。実は、三月の城崎温泉は、けっこう賑わっていた。外国からのお客様と団体客はキャンセルが続いたが、その分、海外旅行に行けなかった大学生たちの卒業旅行で相対的に安全な城崎温泉が選ばれたのだ。だから実際には感染者ゼロということは信じがたいのだが、まぁ発症者がゼロということなのだろう。人口密度が低いから、外部からウイルスが持ち込まれても感染が広がらなかった可能性は十分にある。

それでも四月に入り、特に緊急事態宣言が出てからは、そう呑気なことも言っていられなくなった。城崎温泉も営業を止める旅館が増え、さらに休業要請で飲食店なども厳しい状況になっている。

先日、出石に名物のそばを食いに行ったのだが、そこの店主から聞いた話では、「どうしてそば屋を開けさせるのだ。そば屋を開けていたらよそから観光客が来てウイルスが持ち込まれるではないか」と観光協会に抗議の電話があったらしい。私は、その抗議をした人の心の有り様の方が心配なのだが。

私自身は緊急事態宣言が出た新年度は東京にいた。神保町の学士会館に泊まっていたのだが、なんと最後は宿泊者が私一人となった。歴史ある学士会館に、おかしな形で名を残した。

四月四日、ほとんどすべての仕事がキャンセルになり豊岡に戻る。大阪大学も四国学院大学も授業は中止となった。

四月一〇日。大林宣彦の訃報が届く。もちろん葬式は出来ない。

四月一六日、柳美里さんが豊岡に来た。仕事が全くなくなってしまっていたので、丸一日、私が車を運転してご案内する。柳さんは常磐線全通を記念した常磐線演劇祭を企画している。

四月二〇日、予定していた演劇祭の記者会見は中止。そしてこの日、劇団員の志賀廣太郎が誤嚥性肺炎で逝去。いったいどうなっているのだ。

先行きが、まったく見えない。


さて前回の続きを書こう。

芸術には、あるいは公共文化施設には、病院や学校と同程度の公共性があるという話を書いた。もちろん、この認識が、日本の世間一般のものと外れていることは百も承知だ。百も承知でも言っていかなければならないことはある。

いま、なぜ、芸術文化に支援が必要なのか、原理は簡単なのだと思う。

憲法第二五条には、
　すべて国民は、健康で文化的な最低限度の生活を営む権利を有する。

とあり、続いて、

国は、すべての生活部面について、社会福祉、社会保障及び公衆衛生の向上及び増進に努めなければならない。

と書かれている。これに続く二六条の「教育を受ける権利」を含めて生存権的基本権と呼ぶ。よく知られるように、この生存権的基本権の記述は、憲法制定当時、九条と並んで世界の最先端を行く画期的な条項であった。人はただ生きるのではなく、よく生きる権利を有しており、国家はそれを保障しなければならない。

さて今回、この生存権のうち、どうしても「健康」を優先せざるを得ない状況が起こった。そのため、他の、国民の諸権利を抑制する結果となった。しかし、この判断自体は濃淡はあっても緊急措置としては間違っていないのだと思う。

ただし憲法が保障する諸権利をバランスよく守るためには、危機を脱したのちには他の権利の回復に早急に努めなければならない。また危機の最中にあっても、最低限できる保障、対応はしていった方がいい。

もっともわかりやすいのは教育だろう。

安倍首相の思いつきのような全国一斉休校要請によって、日本全国の子どもたちの教育を受ける権利は著しく抑制された。この要請は専門家の判断を仰いでおらず、いまでも多くの専門家たちは、一斉休校を続けることに疑問を持っている。様々な意見があることは承知しているが、相対的に安全な地域から休校措置を解除するべきだと私は考える。

この要請の正邪はいまはこれ以上問わないが、子どもたちの学ぶ権利が奪われ続けていることには誰も異論はないだろう。だから現状でも、それに対する手厚いフォローが必要だし、子どもたちが学校に戻る段階では、退職教員を臨時採用するなどして万全のケアが求められることになるだろう。教育権の回復のために三兆円なり五兆円の予算を付けてもいいくらいだと私は考えている。

なお豊岡の隣の養父市では、一斉休校措置の期間、私たちの劇団がケーブルテレビを通じて朗読の講座などを放送した。これも地域に劇場があることの強みだろう。

さて、教育権より先に、現状、もっとも議論が盛んなのは「最低限度の生活」、すなわち経済の問題だ。

「経済」という言葉を使うとき、私たちは大きく二つに分けて考える必要がある。二五条で保障された「最低限度の生活」を守るための政策と、いわゆる経済対策、景気対策としての支援だ。現在、この二つが混同されているところに、大きな混迷の原因がある。

それでもとりあえず、いまの時点で一人あたり一〇万円の現金給付が決まった。これではまったく、「最低限度の生活」の維持には足りないだろうが追加の政策を待たざるを得ない。

経済対策の問題は、これもあとに譲って先を急ぐ。

さて、肝心の文化政策は、教育権や経済の問題と同様の国民的なコンセンサスを得られているとは言いがたい。

とりあえず、ここでも問題を切り分けて考えてみよう。

アーティストやスタッフの緊急支援は、先に掲げたような経済対策、生活支援の一環として行えばいいし、そのような陳情も始まっている。

だが、もっと重要なことは、国民の「文化を享受する権利」が著しく抑制されている点だ。だから本来は、文化の享受を妨げられた人々への補償をしなければならないのだが、こういった発想は、まだまだ日本では定着していない。また事態収束後の回復に備えなければならないのだが、いまの状況では動きにくい側面もある。

私たちは、橋を架けたりダムを作ったりするときに、建設業者を「支援する」とは言わない。生活に必要なインフラをつくる行為は(もちろん無駄なものも多くあるのだろうが)、公共事業として社会に受け入れられている。まして学校教育に関わる教員を「支援している」「助成金を出している」とも言わない。

ただ、文化は通常、民間セクターに任せられる部分が多いので、平時には、行政は補助金のようなやり方で「支援」をしていてもいいのだが、このように著しく国民の権利が侵害された場合には、当然、より重層的な措置がとられてしかるべきだろう。

私たちは「貧乏でお金がないから芸術家に支援をしてくれ」と国家にお願いしているわけではない。いや、もちろん、今回のウイルス禍で貧困に陥ったアーティストや技術者も多く、そこには上記のように支援が必要だ。

しかし、本当に支援されるべきは、文化を享受する権利を奪われた国民、特に子どもたちだ。この点においては、私たちは、そのためのコンテンツを提供し、正当な対価を得るに過ぎない。

見えない敵と戦う〈三〉　……二〇二〇年五月

ここ数日、但馬地方は朝は一〇度を下回るが、日中は二七、八度を記録している。この谷間の街々の寒暖差は、この季節に最大化する。

仕事が極端に減ってしまったので、歯医者に通ったり、運動をしたり、将来のための資料を集めたり、とにかく時間を無駄にしないように心がける。息子は父親がずっと家にいるので上機嫌だが。

但馬の平穏に比して、日本全体は苦い春になった。

ウイルス禍の混乱ももちろんだが、それによる人心の荒廃が心配だ。ネット上で乱暴な言葉が飛び交うだけに止まらず、自粛警察なるものまで登場した。いったい、何が起こっているのだろう。

私はもう十数年、「日本には対話がない」ということを語り続け、その題名で著作まで出してきた。少しだけ解説を加えれば、日本社会は会話は得意だが、対話は苦手だということだ。ここでいう会話とは親しい人同士のおしゃべり、対話とは異なる価値観を持った人同士の価値のすりあわせを指す。苦手というよりも、日本にはまだ「対話」という概念が希薄だと言い換えてもいい。辞書で調べると「対話」＝「一対一で喋ること」などと書いてある。英語では、conversation と dialog は明確に異なる。

近年はまた、この相似形として「日本社会はシンパシーを持つのは得意だが、エンパシーが苦手」とも説明をしてきた。

「エンパシー」は最近、ブレイディみかこさんの『ぼくはイエローでホワイトで、ちょっとブルー』で大きく取り上げられ話題になったのでご存じの方も多いだろう。訳語が難しいのだが、私は「同情から共感へ」「同一性から共有性へ」と紹介してきた。英語に詳しい方に聞くと、英米においても、ここ数十年で使われ始めた単語だと聞く。

「シンパシー」が「同情」といった自然に湧き出てくる感情であるのに対して、「エンパシー」は異なる他者を理解するための行為、態度あるいは手段である。

いじめ問題を学校で扱うとき、子どもたちはよく、「いじめられた子の気持ちになりなさい」と先生から言われる。しかしこれは無理筋だ。「いじめられた子の気持ち」がすぐにわかるのなら、そもそもいじめなど起こらない。いじめ問題の初期段階では、いじめている側にはその自覚がなく、だから相手もいじめられていると思っていない(思えない)と感じてしまう点に問題がある。

「いじめられている子の気持ちになる」のはとても難しい。しかし、いじめている側にも、何か似たような体験から、それを類推することはできる。少なくとも、そこに向かって努力することはできる。それが「エンパシー」と呼ばれるものだ。

もう一点、この文脈で、今回のウイルス禍を分析するなら、「日本にはhouseはあるがhomeはない」とも言えるかもしれない。それは奥田知志氏が繰り返し述べてきた「ホームレス」と「ハウスレス」は違うという主張と通底している。ハウスは単なる住む家のことだが、ホームとは帰るべき場所、家族や親戚、友人も含む関係性を伴う場を指す。

今回、解ったことは、多くの日本人には、閉じこもるべきハウスはあっても、帰るべきホームがなかったということだ。このホームを持たない人々が、「stay house」を強要されることで凶暴化してしまったのではないかと私は感じた。

今回の厄災の、これまでの自然災害とのもっとも大きな違いは、「弱者のいない災害」ということなのだと思う。

特に日本では、クルーズ船やライブハウス、あるいはナイトクラブなどが感染源となった(疑われた)ために、どうも富裕層や遊んでる奴らがかかる病気というイメージができてしまった。本来、被害者、少なくとも弱者であるはずの罹患者が厳しいバッシングを受け、それが有名人の場合には謝罪さえしなければならない事態となった。

日本人は、弱者に同情することは得意だ。

しかし、今回のウイルス禍は、同情すべき対象がない。唯一、絶対的に同情すべきは医療従事者で、そこへの感謝の輪は広がりつつあるが、一方で医療従事者への差別や排除さえも存在する。

同情の明確な対象を失った大衆には、ストレスだけが残る。東日本大震災の際、大都市圏に暮らす多くの人々は、東北の被災者の苦難を想像し、計画停電などに耐え忍んだ。「もっと辛い人がたくさんいる」と思えば、人は少しの間、何かを耐え忍ぶことができる。しかし今回は、それがない。「自分が一番我慢している。なぜ、他の奴らは我慢できないのか」と鬱憤がたまる。

これまで書いてきた芸術・文化の領域に関していうと、もう一点、不思議な傾向を発見した。

例えば野田秀樹氏が、「演劇は観客がいて初めて成り立つ芸術です。スポーツイベントのように無観客で成り立つわけではありません」と書いただけで、「スポーツを下に見ている」という批判にさらされた。私もまた、「製造業は景気回復によって増産することで借金を返済する。そのために伝統的に、「融資」という支援策がとられてきた」と発言したところ、悪意に満ちた抜粋がなされ、「製造業を馬鹿にするな」とネット上でひどいバッシングを受けた。

他業種との比較それ自体の成否についてなら、いくらでも議論に応じよう。しかし、ここでなされたのは、「他業種と比較すること」それ自体に対する批判だった。これは非常に特殊なメンタリティだと感じる。

哲学者の中島義道氏は名著『〈対話〉のない社会』（ＰＨＰ新書）の中で、対話の基本原理をいくつか書かれている。

（一）あくまで一対一の関係であること。

（二）人間関係が完全に対等であること。〈対話〉が言葉以外の事柄（例えば脅迫や身分の差など）によって縛られないこと。

（三）「右翼」だからとか「犯罪人」だからとか、相手に一定のレッテルを貼る態度をやめること。相手をただの個人としてみること。

（中略）

（八）相手との対立を見ないようにする、あるいは避けようとする態度を捨て、むしろ相手との対立を積極的に見つけてゆこうとすること。

（九）相手との見解が同じか違うかという二分法を避け、相手との些細の「違い」を大切にし、それを「発展」させること。（以下略）

日本では、対立どころか「対比」さえも忌避される。この風潮が対話を阻む。中島氏は、「〈対話〉は対立のないところでは育たない」とも書いている。他業種と比較しても、演劇を含むライブエンタテイメントは、もっとも早く打撃を受け、そしておそらく最後まで影響を受け続ける分野だ。声を上げることをためらう理由はない。

第3章

幕が上がる——豊岡演劇祭開幕

出石の皿そば

豊岡演劇祭 ……二〇二〇年六月

相変わらず、ほとんどの仕事はオンラインだが、現在の本務校である四国学院大学だけは対面の授業が始まった。

開催が危ぶまれていた第一回の豊岡演劇祭も、国際共同作品四本を中止あるいは演目を変更して、無事に開催の運びとなった。日程は九月九日から二二日までの一四日間。

この演劇祭の特徴は、実行委員会が招請する主催公演の他に、自主参加型のフリンジ部門が機能している点にある。

世界最大の演劇祭であるフランスのアヴィニョン演劇祭は、「in」と呼ばれる正式招待演目は四〇程度だが、「off」と呼ばれる自主参加演目(フリンジ)を含めると、一カ月の開催期間中に一五〇〇以上の演目が上演される。期間中、市内のあらゆる場所、教会や公民館から納屋、駐車場に至るまでが劇場スペースにしつらえられ、そこで朝の九時から夜の一一時くらいまで、二、三時間おきに様々な上演団体が公演をおこなう。

世界中から集まった演劇ファンたちは、その上演を見て回り、インターネットの時代だから、その感想をＳＮＳなどにすぐにあげていく。評判のいい作品にはジャーナリストがやってきて、批評をブログに載せる。公演会場の前には、その場所を利用しているいくつかの団体が共有するボードがあって、ネットの批評は次々にプリントアウトされ貼り出されていく。だから人気の有無は一目瞭然だ。

やがて評判を聞きつけて、高名な批評家もやってくる。気に入られれば、翌日には新聞の劇評欄を飾ることになる。ちなみに、私の作品『ソウル市民』が二〇〇六年に招待作品としてアヴィニョンで上演された際には、初日の翌朝にル・モンド紙の一面に劇評が載った。それほどにアヴィニョン演劇祭は社会的な影響力がある。

この演劇祭には、世界中から演劇のプロデューサーや劇場の芸術監督も集まってくる。彼らのお眼鏡にかなえば、すぐに声がかかり、翌日には街角のカフェで商談が始まる。条件さえ合えば、ヨーロッパ中に数百はあると言われる各地の演劇祭への出演が決まる。これを「アヴィニョンドリーム」と呼ぶ。すなわち、この演劇祭は見本市的な性格も兼ねているのだ。

もちろん、その「夢」を実現できるのは一五〇〇のうちの数十団体だけだ。中には劇場費や滞在費を払い続けることができずに撤退していくカンパニーもある。まことに残酷な演劇祭でもあるのだ。

こういった見本市的な機能を持ったフリンジ型の演劇祭を、アジア各国の各都市が狙っているのだが、まだそれをきちんと実現したものはない。豊岡演劇祭は、最初からそこを目指してスタートする。

成功の条件は三つだと考えている。

一つは、正式招待演目を上演できるだけの複数の会場を持っていること。豊岡市は一市五町が合併した巨大な自治体なので、様々な地域に個性的な上演会場がある。

二つ目。多くの観客を呼び込めるだけの宿泊施設があること。豊岡市には城崎温泉、神鍋高原という二大観光地がある。神鍋高原は冬のスキーが有名だが、夏には関西の高校、大学のスポーツ合宿で賑わう場所だ。要するに雑魚寝ができるような低廉な宿があり、おしゃれなペンションがあり、城崎に目を移せば一室数万円のＶＩＰが泊まれる高級旅館もある。もちろん豊岡駅前にはビジネスホテルも揃っている。人口八万人の町で、これほど多様な宿泊施設を持っている自治体はそうはあるまい。

三つ目の条件は、ネットワークだ。これは城崎国際アートセンターが培ってきた実績と私個人のネットワークがすでに存在する。

成功の条件は揃っている。

さらに豊岡演劇祭の強みは、来年春に予定されている観光とアートを軸にした専門職大学の開学だ（認可申請中）。無事、認可が下りれば、この演劇祭は、大学の主要な実習先の一つとなる。これは、できるだけ有償ボランティアとしたい。学生にとってもアルバイト料を稼げて単位も出てスキルアップも図れる演劇祭となる。

演劇祭側からすれば、全学三二〇人のきわめて小さな大学とはいえ、その半数がこの実習授業を履修すれば、約一五〇名の優秀でやる気のある学生ボランティアがあらかじめ確保された演劇祭となる。

この有償ボランティアは、地域通貨などで日当を支払いたいと考えている。観光だけではなく、あらゆる形で地元にお金が落ちる仕組みを作っていく。

また、すでに今年の第一回の演劇祭から、スポンサーであるＫＤＤＩの協力で、フリンジ参加の各団体に対して、ＱＲコードを発行し、観客がａｕ ＰＡＹなどで投げ銭ができるシステムを実施する。これはおそらく、世界でも最先端の取り組みになる。

観客の移動は、ＢＬＥ（Bluetooth Low Energy）と呼ばれる小さなボタン状の機械で把握される。これは個人とは紐付けせずに、単純に観客の動線（ゆくゆくは消費の動向）などをデータとして蓄積していく。さらにそのデータを、もう一つのスポンサーであるトヨタ・モビリティ基金が活用して、最適なモビリティ（移動環境）を作っていく。近い将来、これは自動運転へと結びついていくだろう。

もしもこんなことを一つの自治体でいきなりやろうとしたら、リスクもコストも膨大なものとなる。限られた日数と条件の中で人と物が動く演劇祭だからこそ、先端的な実験ができる。

目指すのは、人間の顔をしたスマートシティだ。豊岡市はこれを、スマートコミュニティと呼んでいる。

便利になれば幸せになるとは限らない。

いや、たしかに、便利さが人を幸せにした時代はあった。かつて自動炊飯器が日本の家庭に普及しはじめた頃、日本の主婦の睡眠時間が一時間長くなった。一時間長く眠れることは、誰にとっても幸せだ。

しかし平成の三〇年、地方は便利さ故に疲弊してきたのではあるまいか。便利さ競争だけでは大都会に勝てるわけがないのだから。私は科学の進歩を否定するほど石頭ではないが、しかし、何のために便利にするのか、何のために効率を高めるのかという理念がなければ、科学はただ暴走を続けるだけになる。

豊岡演劇祭の理念は単純だ。アートのために便利にするのだ。トヨタの標語は「Mobility for All」だが、豊岡演劇祭の理念は、「Mobility for Arts」である。

豊岡市はコウノトリを再生させ、そのために無農薬、減農薬の田んぼを増やし、そこで育った米を「コウノトリ育むお米」としてブランド化させた。これを彼らは「環境と経済の両立」と呼んできた。次に目指すのは、「芸術と経済の両立」だ。こう書くと顔をしかめる人もいるだろうから、念のため、注釈を付けておく。それは、「芸術と地域経済との両立」だ。豊岡演劇祭は、まだ日本のどの自治体も分け入ったことのない荒野に、足を踏み入れようとしている。

五里霧中 ……二〇二〇年七月

まったく先が見通せない夏になってしまった。先月も記した通り、国際共同演目などを取りやめて規模を縮小しながらも、豊岡演劇祭を九月に予定通り開催すると記者発表をしたのが七月一日。しかし、そのころから東京を中心とした新型コロナウイルスの感染者数は拡大の一途をたどる。

実はその前週、六月末には鈴木忠志さんが豊岡に来て、新しい劇場を見て大変褒めてくださった。

豊岡演劇祭は、鈴木さんが長年育ててきた富山県南砺市利賀村のＳＣＯＴサマー・シーズンとも連携していく。

七月六日。明石の泉房穂市長来訪。子育て支援で成功したので次は文化政策と考えているとのこと。

七月七日、新宿のシアターモリエールで感染者が発生との報道。テレビに出ているような俳優も感染をしていたこと、そして、その感染が急速に拡大したことから「劇場クラスター」と呼ばれる報道が相次いだ。中小の劇場から宝塚などの大劇場にいたるまで、公演再開に向けて必死の努力をしていたところだったので、それに水を差される雰囲気となった。

結果として、この公演の観客や出演者、スタッフと思われる人で感染をしたのは一〇〇人以上に上り、一四の都府県へと広がりを見せた。国内最大級のクラスターが形成されたわけだ。感染した観客のほとんどが女性で年齢層も多岐にわたる。すでに家族や職場の同僚にも感染が広がっているようだ。

感染の原因については様々な情報が流れ、劇場や主催団体への批判や誹謗中傷もエスカレートした。たとえば歌舞伎俳優の尾上松緑氏は自身のブログで、「観に来て下さる大切なお客さんを危険に晒す様な真似をしてどうする」「こんな奴等は劇場サイド、主催者、出演者、スタッフに至るまで、どいつもこいつも素人の集まりだ」と不快感を示した。

私も同業者であるから気持ちはわかる。気持ちはわかるが、しかし、出てくる情報があまりに少なく、軽々に誰の責任と判断がつきかねるというのが現状だ。一般には、劇場あるいは主催団体の感染予防対策がしっかりしていなかったという話になっているが、どうも劇場における対策だけの問題ではなかったようだ。たとえば「出待ち」と呼ばれる、終演後、楽屋口でファンが出演者を待つ行為が行われ（これは現在の業界別ガイドラインでは禁止されている）、そこでは握手などもされていた。ここまでは公開されているたしかな情報だが、他にも、公演以外で別の場所や時間に出演者とファンが交流していたのではないかという情報もあり、また観客同士の交流もあっただろうから、いつ、どのように感染が広がったのか、もう誰にも分からない状態になっている。

私たちの業界では、観劇だけでは、このように感染が広がるとは思えないと多くの人が感じた。現在、ガイドラインでは、観劇前や観劇後の客席での会話もできるだけ控えてもらっている。マスクを着用し、静かに全員が前を向いて芝居や映画を観ていれば、感染リスクは相当に低いというのが演劇や映画の世界での共通の見解になりつつある。そこで、現在の政府が出している規制（定員の五〇％か五〇〇〇人の、どちらか少ない方）のうち、五〇％条項を少しでも緩和していこうという働きかけを行っていた矢先であった。

私自身、この事件についてのコメントをよく求められたが、正直、原因が分からず、軽々なことを申し上げられないので、すべてお断りした。演劇界の多くの人が、同じ悔しい思いをしたのではないだろうか。

保健所には、その場を検査する権限はあっても、感染経路を詳しく捜査する強制力や実行力はなく、真相は藪の中に入ってしまった。ただ解ったことは、ガイドラインをいくら厳しくしても、そこに関わる人々の外での行動や私生活をコントロールすることはできず、そちらにこそ感染の危機があるという点だ。

さて、はたして、この原稿が世に出る頃には、一日あたりの全国の感染者数がどのように推移しているのか。七月末現在、感染者の数は急増しており、政府も東京都もそれに対して強い施策は打っていないので、しばらくの間、神風でも吹かない限り感染者数は増えていくのだろう。

演劇祭の行方も混沌としたものになってしまった。中止も含め、いくつもの代替案を日々検討している。例えば首都圏からのお客様のみお断りするといった案が一時有力となったが、ここ数日は大阪での感染者の伸びが著しく、その判断、線引きもむずかしい。

いまのところ最善の策はＰＣＲ検査だ。もちろん検査に完璧ということはなく、偽陽性、偽陰性もあるのだろうが、それでも検査で陰性が出れば活動の範囲は広がる。

幸いにして、豊岡市あるいは周辺の但馬地方は、今にいたるまで感染者が出ていない。ということは東京から来るギリギリのタイミングで検査を受けてもらい、検査を受けた後、来豊までの一日二日は行動にさらに気をつけて陰性の証明を得て豊岡に来れば、感染の確率はきわめて低いと言える。

ただ、問題は検査料金の高さだ。現在、濃厚接触者など感染を疑われる人以外は、三万円から四万円の検査料がかかる。保険適用にしてもらわない限り、いく度も受けられる金額ではない。

プロ野球やＪリーグは、チームドクターのもとで選手自身が検体をとって送付するというシステムで、一人あたり一万五〇〇〇円程度で済んでいるらしい。演劇の世界でも、何らかの形で費用を安くできないか検討が始まっている。

そんななか、黒岩祐治神奈川県知事が劇団四季を観劇したあと、俳優たちのＰＣＲ検査受診への補助についてツイートしたところ、多くの批判を浴びた。残念ながらリベラル系の方々からも(いや主にリベラル系の方々から)、優先順位が間違っていると多くの批判の声が寄せられた。

ここら辺にも、日本のリベラル勢力の底の浅さ、文化政策への無理解がうかがわれる。日頃から黒岩知事に批判的だった方たちが、チャンスとばかりにそのような声を上げたのだろう。文化政策を政争の具にするのは愚の骨頂だ。

実はアメリカでは、民主党の方が文化政策に熱心だが、実際の予算は共和党政権の方が伸びるという神話がある。エリート集団の民主党は口では文化の大切さを述べるが、構造改革などの際には切りやすい文化予算から切っていく。タニマチ体質の共和党の方が、文化芸術のことはわからなくても予算はつけてくれるというのだ(これは過去の逸話で、いまがどうかは分からないが)。

かつての自民党政権にも、そのような、ある種の美風(?)があった。高名な芸術家がつてを頼って陳情に行けば、「先生もたいへんですなあ、ヨッシャ、ヨッシャ」と応え、その場で文科官僚に「ここはひとつよろしく頼む」と電話をかけて、なんとなく予算の確保が決まったりしてきた。

もちろん、そのような政治風土がよいと言っているわけではない。だが、現実の政治は、いまもそのように動いていく。

豊岡演劇祭は、高い理想を掲げながら、政治や経済や風評といった現実の波にもまれて、不確かな船出を迎えようとしている。

たじまの夏　……二〇二〇年八月

朝食をとっていたら二歳半になる息子が窓に向かって手を振る。視線の先を追うと、川の堤防沿いを隣家の五歳の男の子が、おじい様と一緒に歩いている。

「ごっついカマキリ捕まえたでー」

と叫ぶ声がする。

関西では高い気温を記録することで有名な豊岡市は、当然、連日三五度を超える猛暑が続いているが、実は明け方は比較的涼しくなり、朝の八時までなら冷房を切って窓を開けても過ごしやすい。

まだもう少し食べさせたいところだが、子どもは、もう気もそぞろになって椅子から降りたがる。最後の一口を飲み込ませて、前掛けを外し一緒に外に出た。

立派なカマキリやバッタが虫かごに入っており、隣家の五歳児は、それを惜しげもなくうちの庭の植栽に逃がしてあげる。我が家の息子は「わー」と言ったきり、カマキリの行方を追うのにいそがしい。

先日は、同じ市内でもっとも過疎の厳しい但東町で講演会をして、そのお礼につがいのカブトムシをいただいた（もちろん講演料もきちんといただいたが）。都内で買えば、一匹一五〇〇円から二〇〇〇円はするらしい。

　私が子どもの頃は、カブトムシの餌と言えばスイカの食べ残しが定番だったが、いまではこれは間違いとされているようだ。水分の多い割に栄養がないとか、窒息死の原因になるといったことが理由だと聞いた。では何がいいかと調べてみると「リンゴやバナナ」と書いてあって、おいおいいまの季節にリンゴは高いだろうと、これはこれでツッコミを入れたくなる。もしかするといまは、リンゴの季節にもカブトムシを飼うのだろうか。

　実際は、カブトムシやクワガタの餌となる「昆虫ゼリー」という便利なものがあって、虫かごの中に置いておけば一日でペロリと平らげる。これを近所のホームセンターで買い込んできた。

　朝食のあとに、この昆虫ゼリーをエサ皿に置きかえるのと、やはり庭で飼っているメダカの餌やりが息子の日課となった。しかしカブトムシは夜行性なので、朝は土に潜っている。息子はいつも少し不満げだ。

　それからポストに朝刊を取りに行く。

「今日はお父さん、出てるかな?」

というのが我が子の口癖だ。地元神戸新聞は連日、豊岡演劇祭について報道をしてくれるので、私の写真を新聞紙上で探すのも息子の小さな日課になっている。

　やがて、川を挟んだ向かいの山から日が昇ってくると一挙に気温が上昇する。

　窓を閉め、軽くクーラーをかけて子どもの登園の支度をする。三日に一度は私が保育園まで送っていく。園は車で二分のところにあり、朝から広い園庭で子どもたちが走りまわっている。

家に帰って少し原稿を書き、一〇時には歩いて一分のところにある江原河畔劇場に向かう。演劇祭のために、すでに劇団員が二〇名ほど豊岡入りをして、芝居の稽古やチケット販売の準備などを進めている。

東京からこの豊岡に来た者は口々に「ここはパラダイス」だと言う。

全員が東京を出る前にPCR検査を受け、さらに豊岡についてから二週間は、稽古中もマスクは外さない。それでも東京と豊岡では、稽古の際の精神的な負担が数十倍も違うのだそうだ。

逆にいま、東京の若手演劇人は、精神的に相当追い込まれている。劇場が明けられたとしても、客席は五〇％に制限されている。公演をしても観客が来るかどうかも分からない。そして第一、もう何が第二波、第三波なのかも分からない状況で、もしも自分たちの上演時期に、運悪く緊急事態宣言が出されてしまったらと考えると、上演計画を立てることすらできない。

もちろん豊岡も全国的なパンデミックが広がれば話は別だろうが、いまのところ上演計画が立てられないということはない。観客も多く訪れてくれる。実際、豊岡市では、休校措置が長引いてストレスを抱えた子どもたちのために「THEATER豊岡」と銘打って、夏休みの前後、親子で観られる演劇や大道芸を多数用意した。無料で、しかも客席数を減らしての上演だったこともあるが、どの公演も満員札止めとなった。

私も、コロナ禍で一気に仕事がなくなったので、幼児向けの新作『ちっちゃい姫とハカルン博士』

を書き下ろし、豊岡在住の劇団員たちと稽古に励んだ。

秋からは、保育園・幼稚園から高校に至るまで、ほぼすべての学校施設を様々な作品が巡演していく。全国では学校行事の縮小が相次いでいるが、豊岡では、子どもの移動を伴わない学校訪問という形の公演ならば、どこも歓迎してくれている。それは、とりもなおさず、私たちが地元の劇団(リージョナルシアター)だからだ。

先般、長野県の音楽関係者たちとオンラインでお話をする機会があった。

長野県は、松本市で「サイトウ・キネン・フェスティバル松本(現セイジ・オザワ 松本フェスティバル)」が行われているように、クラシック振興の盛んな地域だ。しかし、この状況では、今後数年、長野県では本格的なコンサートが開けなくなるかもしれないと聞いた。大きなクラシックコンサートの準備には最初の交渉からを含めると数年がかかる。しかし、いまのような状況下では、そもそも企画の相談自体がむずかしくなってしまった。まず、最初に、「もし状況が好転していれば」という仮定が前提となり、企画が少し進んだ段階では、「もし中止になったら」という保留事項が常についていて回る。海外からオーケストラを呼ぼうとすればなおさらだ。興行保険の設定すらままならない状況らしい。

欧米ならば各県各州にプロのオーケストラがありバレエ団があり劇団もある。今回のようなパンデミックが起きても、回復した地域から文化も復興できる。しかし日本のように、多くの文化的リソースを東京に頼っていると回復に時間がかかることになる。

これからは、産業界と同じように文化においてもバックアップ機能が必要となっていくのではないだろうか。何かの災害などで大都市圏の様々な機能が麻痺したときに、それを補完するシステムがないと国全体が沈んでいく。豊岡は、少なくとも舞台芸術において、一つの大事な拠点になっていきたいと思う。

私はもちろん、稽古だけをしていたわけではない。大学設置審の審査はいよいよ佳境を迎え、八月一二日には工事現場で現地審査があった。カリキュラムの改編もおおむね終わり、あとは結果を待つばかりだ。オープンキャンパスはまだ出来ないが、オンラインでのプレカレッジも開催した。演劇祭自体の準備も進み、毎日のように企画会議やマスコミ対応がある。九月になれば、いよいよ他のアーティストたちも豊岡に入ってくる。

稽古が早く終わったある日、豊岡在住の劇団員と、子どもを連れて演劇祭の準備に来ている俳優たちを呼んで、我が家の庭で花火大会をした。

現在、豊岡に移住をしたのは八家族約三〇人（劇団員でない家族も多い）。この日は二〇人ほどの親子が集まった。

空には満天の星。子どもたちは花火と、花火の光に集まってくる虫たちに狂喜乱舞する。日が落ちれば、川面からの風も相まって、心地よい気温になる。大人たちはビール片手に子どもたちを眺めたり、線香花火に興じたりしている。ここに私たちの日常がある。私たちの守るべき生活がある。

豊岡演劇祭開幕 ……二〇二〇年九月

二週間にわたる豊岡演劇祭が閉幕した。

まだ、この後に新型コロナウイルスの感染者が出る可能性もあるので本当の安堵はできないが、まずは大きな事故もなく終幕を迎えられたことにほっとしている。

細かい数字は先になるが、期間中の来場者は延べで三〇〇〇人、関連企画も含めると五〇〇〇人を超えて大成功裡に終わった。本来は最低でも五〇〇〇人の動員を想定して様々なプログラムを組んできたのだが、九月一九日までは劇場での上演は定員の五〇%までという規制があったので、それに従わざるを得なかった。おそらく当初の予定通りに実施をしていれば延べ来場者は七〇〇〇人、関連企画も含めれば一万人を超えていただろう。

私たちは、売れないチケットをどうにかして売りさばくノウハウはいくらでも持っているが、売れるのに売ってはいけないという経験は初めてだった。もどかしい思いをすべてのキャスト・スタッフが共有した。

客席数が限られていたために、ほぼすべての演目で、早々にチケットが売り切れてしまった。そして、演劇祭の開催期間中は、いくつかの演目では早朝から当日券を求める観客の列ができた。お客様にはご迷惑をおかけしたが、実は、これもまた演劇祭の醍醐味なのだ。

評判のいい演目には当日券待ちの列ができる。あるいはフランスでは、劇場前でのチケットの転売が合法なので、「チケット買います」というプラカード（たいていはスケッチブックに走り書き程度のもの）などを持った若者も出現する。

フランス人は一人で芝居を見に行くということは少ない。愛の国であるから、たいがい二枚ペアでチケットを購入する。しかし購入はしていても、誘った相手に振られたり、都合が悪くなったりということはよくあるので、その余ったチケットを狙ってヒッチハイカーのように若者たちが劇場の前を占拠する。逆に、この「チケット買います」が出れば、その興行はあたりだとも言える。

フェスティバルでは、この格差が、さらに如実に表れる。評判のいい劇団にはキャンセル待ちの長蛇の列ができ、例のプラカードも林立する。一方、評判のよろしくない公演では、キャンセルが続出する。世界中から集まった演劇ファンたちは、限られた日数、限られた時間で、より多くの優れた作品に出会いたいと考えるからだ。「はずれ」の作品は、時間の無駄ということになる。

コロナ禍のなか開催された豊岡演劇祭 2020．当日券を求める行列ができる盛況ぶりだった（写真：歌川達人）

もちろん「あたり」か「はずれ」かは一人ひとり違う。フランスではその意思表示も明確だ。自分がつまらないと思ったら開演から五分、一〇分でも劇場を出る。つまらない（と感じた）芝居への抗議の意志を示すかのように、ハイヒールで床をカンカン鳴らしながら退場していく。慣れないうちは、この音を聞くとアーティストサイドはとても傷つく。特に客席で観ている演出家にとっては、腹が立つことこの上ない。私の芝居は途中で退場されることは少ないが、それでも皆無ではない。フランス人演出家の友人からは、「あれは、途中退場することにある種のカタルシスを感じているのだから気にしないでいい」と言われた。

別の演出家は、ある年のアヴィニョン演劇祭で、休憩時間に観客の半分が帰ってしまうという大失敗作を創った。客席には観客の怒号さえ飛び交ったという。しかし彼は、その数年後、同じ演劇祭で最も評価の高い作品も生み出している。毀誉褒貶、栄枯盛衰が激しいのもフランス演劇界の特徴だ。短い時間に何十という演目が上演される演劇祭では、それが極端に増幅される。SNSの時代になって、これがさらに加速した。評判のいい作品に観客が集中するのだ。

フェスティバルカフェには世界中から集まった観客とともに、演劇祭に参加しているアーティストも顔を出す。そこでも評判のいい作品の作家や出演者の周りには人だかりができ、観客は直接、口々に賞賛の言葉を述べていく。評判のよろしくない作品の演出家は、こういう場には顔も出せない。

幸いにして今年の豊岡演劇祭では、あからさまな「はずれ」はなかった。おそらく私が創った現代オペラが最も難解な作品だったと思うが、その舞台でさえ怒号が飛ぶことはなく、豊岡の観客は温かく受け止めてくださった。

圧巻は、市原佐都子さんが昨年第六四回岸田國士戯曲賞を受賞した『バッコスの信女』。観客の多くが彼女の才能に圧倒された。この作品は、そもそもＫＩＡＣで創られた作品なので、素晴らしい凱旋公演となった。

宮台真司さんや津田大介さんを呼んでのトークも開催された。目標の一つであった「対話する演劇祭」は着実に実現しつつある。

期間中には専門職大学のプレカレッジも開催され、多くの受験希望者が集まった。まだ設置の認可は下りていないけれど。

世界中の演劇ファンが集まり、今日観た演劇について語り合うはずのフェスティバルカフェも、コロナの影響でアルコール類の販売が中止となった。それでも規模を縮小して行ったナイトマーケットには、但馬のおいしいお店が出張してくださり、入場制限を課すほどの賑わいとなった。来年は、人々が心置きなく語り合える場ができればと願っている。

私たちの狙いは、日本国内にこういったフェスティバル文化が根付くことだ。この点も、ほぼ実現のひな形は示せたのではないかと思う。

これもまだ私の脳内の試算だが、観客と関係者を併せると、今回でも市内で五〇〇〇泊ほどの宿泊者があった。これは、豊岡市全体の年間宿泊者の約〇・五％、九月だけに限っていえばおそらく一割近く宿泊者数を押し上げている（九月は豊岡の観光シーズンのボトムに当たる）。ここに食事や買い物などを加えると直接消費だけで五〇〇〇万円程度、経済波及効果はさらに大きい。豊岡市は、今回の豊岡演劇祭のほとんどの費用を地方創生予算から出しているので市の本体予算は痛んでいない。我田引水に過ぎるかもしれないが、自治体にとって非常にお買い得な芸術祭になったと考えている。

そして、もちろん最大の効果は、自治体のイメージアップだ。開催期間中、新聞各紙は演劇祭を大きく取り上げ、テレビも関西ローカルを中心に報道が相次いだ。

折しも豊岡市への移住の問い合わせが、昨年度比の四倍になっている。教育と文化の先進地であることのアピールは、Iターン者、Jターン者を確実に引きつける。豊岡市が地方創生予算を使って、この演劇祭を開催するのもそのためだ。

芸術は、極めて純粋な個人の内面の営みだが、それを「文化政策」に落とし込んでいくときには、公的な資金を使うだけにきれい事だけでは済まされない。いや、「純粋さ」「きれいさ」を保つことを前提条件としながら、いかに経済合理性を確保していくのかという手腕が、芸術監督やフェスティバルディレクターには求められる。

残暑の名残の中で始まった演劇祭だが、期間中に但馬はすっかり秋の装いになった。夜の野外公演には、少し肌寒いほどだ。演劇祭が終わっても、私たちの劇団の活動は続き、これから市内すべての幼稚園、保育園を回って私の新作を上演することになっている。

豊岡演劇祭は当初より「進化する演劇祭」をスローガンの一つに掲げてきた。一〇年、二〇年単位で地域に演劇ファンを育てていく。闘いは始まったばかりだ。

日本学術会議……二〇二〇年一〇月

但馬での二年目の秋となった。

九月の二二日に豊岡演劇祭が終わって、少し落ち着けるかと思ったほぼ一週間後に、やっかいな問題が起こった。

日本学術会議である。

何の巡り合わせか、私は今年たまたま、この日本学術会議の新任のメンバーになった。二一〇人の会員の中で修士号さえ持たないのは私くらいのものだろうから、まさに菅総理が言うところの「総合的・俯瞰的な観点」から選ばれたのだと思う。現状、文学を除いて芸術系、特に実技系の大学教員の会員がいなかったために、私のような者でも入れておこうということになったのだろう。

学術会議の会員は、学会からの推薦などによって候補リストが作成され、その中から選考委員会が新規会員を選定する。巷でいわれているように、退会する会員が自分の欠員を指名するような世襲的制度ではない。これまで芸術系会員がいなかったところに私が会員になったことが、その一つの証左だろう。

しかしいったい、どうして私が任命されて、あの六名の方が任命されなかったのかは、まったくの謎だ。

人畜無害と思われたのか、私を外すと逆に騒ぎが大きくなりすぎると思われたのか。まぁ、もしも私が任命されていなかったら、今頃たいへんな渦中の人になっていたので、任命されなかった六名の方には本当に申し訳ないけれど、無事に任命されてよかったというのも本音のところだ。

任命予定者として、たしか八月の初旬には通知が来ていたのではないかと思う。手続き上のいろいろな書類や業績書なども夏のうちに提出した。おそらく、任命されなかった六名の方たちも同じ手続きを踏んだのだと思う。まさか任命されないというようなことは誰も想定していなかったのだから。

事態が進行して、なにやら騒然とする中、一〇月一日から三日間の総会や部会に、私もオンラインで参加した。任命されなかった六名が所属するはずだった第一部会(文系の先生方はここに所属する)に私も属している。

皆さんよくご存じのように、任命されなかった方々は、それぞれの分野でもトップクラスの学者であり、学会長や理事を務めていた方もいる。第一部会でも何かの役職についてもおかしくない先生方なので、部会長の選出などをどうするかが、まず議論になった。結局、めでたく六名が戻られた時点で、あらためて選挙なりをすることとした。

私は六人の中では加藤陽子さんしか直接には存じ上げないのだが、加藤さんは極めて温厚な方で、思想的にも三〇年前なら中道右派くらいに位置づけられるポジションではないかと思う。著作をお読みの方はお分かりだと思うが、歴史を極めて公平に扱おうとする正統的な歴史学者だ。

任命されなかった六人にも思想的には大きな幅があり、逆に、私なども含めて当然任命されない可能性のあった研究者は他にも多くいた。会員たちは一様に不気味な感覚を持った。政府の目的の一つが、このような疑心暗鬼や不気味な感覚を学者に持たせることにあったのだとすれば、その意図は十分に発揮できたのだと思う。

おそらく一九三〇年前後に、日本の多くの研究者たちが感じていたであろう不気味な感覚を、私たちも味わった。

インターネット上では、「平田オリザのように現政権に批判的な人間も任命されているのだから、現政権に批判的であることを理由に任命をしなかったことにはならない」という、ほとんど論理学の基礎を無視したような議論もあるようだ。たしかに菅首相は、安倍政権に批判的だった人をすべて任命しなかったわけではない。しかし、任命されなかった六名の共通点として安倍政権、安保法制などに批判的だったことは事実である。

そして、この事実が何を意味するかを理解できないのは、歴史を知らないか、あるいは歴史に背を向けているかだろう。強権を振るおうとする者は、過激論者だけを取り締まるのではない。中間層の、どちらかといえば穏健な人々を、ランダムに拘束する。そして、その理由は示さない。人々を疑心暗鬼にさせることが、もっとも抑圧の費用対効果が高いからだ。

学術会議のメンバーの選定は、純粋に学問的業績によって評価されるべきものだ。それは「総合的・俯瞰的」にもその通りだ。そして、任命されなかった六人は私と違って、どのような観点から見ても学術会議の名にふさわしい人々だ。もしも、その他の理由で、今回の任命拒否が行われたとすれば(もちろん、その可能性が高いのだけれど)、それは明確な学問の自由への侵害となる。

ここまでの原稿を書いたところで、近所の理髪店に出かけた。いつも髪を切ってくれる若主人と馬鹿話をしていたところ、帰り際、そのご母堂に「平田さん、ちょっとお尋ねしていいですか」と声をかけられた。「もちろん、どうぞ」と答えると、ご母堂は床を掃除するほうきを持ったまま、「平田さんは本当に学術会議の会員なんですか?」と聞いてきた。テレビに映った名簿を見てびっくりしたのだそうだ。一〇分ほど、問われるままに学術会議の役割について説明をした。

「それから、テレビとかでも言われている高い給料をもらっているとか、年金がつくとか、あれは全部嘘ですからね」

と言ったら驚かれた。

「え、でも、テレビで言っていましたよ」

「そうなんです。最近はテレビのコメンテーターがツイッターとかで見た嘘の情報を平気で流すんです」

「そんなこと、テレビがしていいんですか?」

「間違いだと謝罪や訂正はするんですけどね、それは、ほとんどこっそり、あとから謝るだけなんです」

実際、私の劇団にも、「報酬が六〇〇万円」(根拠不明)、「終身の年金が二五〇万円」(学士院と取り違えたフェイクニュース)といったデマに端を発した抗議のメールが今でも届く。さらにやっかいなことに、リベラル系の方から、「なぜ抗議してやめないのか!」というメールも届く。そんなことをしては政府の思うつぼではないか。とにかく今は、任命拒否の理由の開示を愚直に求めていくべきだろう。問題は、その一点に集約されるのだから。

最後に一つだけ、これはまだ、あまり指摘されていない点だが、このまま欠員の違法状態が続くとして、さらに三年後(任命は三年おき)は、一体どのようになるのだろう。学術会議としては、任命されなかった六名を、再度、推薦することになると思う。任命拒否の理由が開示されない限り、彼らに瑕疵は見つけられないのだから。

理髪店の若主人とご母堂には、他のお客さんに本当のことを伝えてくださいとお願いした。「もちろんです」と私は笑顔で見送られた。

朗報もあった。一〇月二二日。ついに芸術文化観光専門職大学の設置認可が下りた。これで晴れて広報活動が出来る。

読者諸氏には信じられないかもしれないが、新設大学というのは設置認可が下りるまでは正式な広報活動は出来ない。今年はその認可が、コロナでさらにずれ込んだ。開学まではあと五カ月。準備を進めてきたとはいえ、これから嵐のような時間となる。

知らんけど　……二〇二〇年一一月

もうすぐ三歳になる息子が、最近、但馬弁を喋るようになった。

ある日、急に母親に向かって「なぁなぁ」と言い出したので、最初、妻は、どうしてそんな乱暴な言葉遣いをするのだろうと思ったらしい。しかし、「なぁなぁ」は西日本では普通の呼びかけの言葉であって、近所の子どもたちもみな使っている。

但馬弁は、関西弁と鳥取弁のハイブリッドのような特徴を持っていて、少しのんびりとした口調に特徴がある。「あのなー、今日なー」と語尾が伸び気味になるのだ。私の周囲には、あまり強い但馬弁を話す方がいらっしゃらないので、まだ現代但馬弁の収拾はできていないのだが、たとえば自分のことは「ワイ」と呼ぶ。「だから」を「だしけー」と言い、「こんばんは」を「ばんなりました」と言う。これらは一、二度、実際に聞いたことがある。

おもしろいのは、週末を家で過ごすと息子が東京弁に戻ってしまうことだ。そして、月曜、火曜と保育園に通いだすと、また「なぁなぁ」になる。方言を持たない私たち夫婦は、子どもが色彩豊かな但馬弁の中で育ってくれればと願っている。

一一月中旬、高校演劇の兵庫県大会の審査員をした。高校演劇は地区大会、県大会、ブロック大会(近畿ブロック、四国ブロックなどに分かれている)を勝ち抜き、翌年度の全国大会に出場する。今年はコロナの影響で地区大会が中止になったり、オンラインになったり、どの県も苦労をした。予選の方法は全国一律ではないので、ある県では舞台上でもフェイスシールド着用、俳優間も距離を置いて上演と決めていたところもあれば、本番のみシールドを外していいといった地区もあったらしい。それぞれの制約の中で、その制約を逆手に取った演出を行い成果を収めた作品も数多かったと聞く。

多くの上演は無観客、あるいは関係者のみへの公開となった。高校生にとっては、まだ、つらい季節が続いている。

昨今の高校演劇、特に高校生が作る芝居(生徒創作といって、県大会に出てくる学校の過半がこれである。残りは顧問が作ったものか、既成の作品をアレンジしたもの)は、多くが地元の方言を使っている。方言芝居といってもコテコテのものではなく、普段、自分たちが使っているボキャブラリー、イントネーションで話す芝居が多い。

今年、兵庫県のいくつかの高校で目立ったのが「知らんけど」というセリフだった。これは方言というよりは、昔からある関西、あるいは大阪特有の表現だが、昨今、お笑いの世界や若者の間で流行している。何かを断定的に言った後に「知らんけど」とわざとつける。おそらく、文章の後ろにこれをつけるところに、この表現の妙味がある。婉曲表現の一つと考えてもいいだろう。

お笑いの世界では、何か強い断定をして、そのあとに「知らんけど」をつけて笑いをとる。「知らんのかい！」と突っ込みを返すこともできる。

「知らんけど」は、一般の市民が使う分には、「専門的なことはよくわからないけど、たぶん、こうなのではないか」という庶民のバイタリティの発露であって、何の問題もない。しかし為政者、権力者がこれを使い始めると様相が一変する。あるいは権力におもねる形で、この表現を使うと、とても危険なことになる。

「府と市と両方あったら、そりゃ二重行政で無駄もあるんと違いまっか……知らんけど」

「なんだか、やっぱり、うがい薬はコロナに効くらしいで……知らんけど」

「そりゃ、あれだけ言われるんだから、学術会議の方にも、いろいろ問題があったんでしょう……知らんけど」

学術会議の問題は落としどころの見つからぬままに長期戦に入るようだ。この件に関しては前回、任命拒否の理由の開示を愚直に求めていくしかないと記した。

しかし、もう一点、この問題を「総合的・俯瞰的」に考えるなら、やはりその背景には、この一〇年で肥大化した反知性主義という視点が外せないだろう。

政治家は本来、やせ我慢でも、「知らんけど」と言ってはいけないことになっていた。しかし、そのタガが相当緩んでしまっている。その極めつきがトランプだろう。

「選挙に不正があった……知らんけど」

科学的根拠を持たない発言は第三者から見れば滑稽だが、当事者、支持者には熱狂的に歓迎される。

「インテリ、学者は、いろいろと理屈を言うが、私はそれを信じない、知らんけど」と公言してしまえば、世の中に怖いものはなくなる。

橋下徹氏にも、そういったところがあって、論理的に破綻をきたすと「東京の学者がいろいろ言うけれど、それは大阪の実情を知らない者の言うことだ」と切って捨てて見せる。それに大阪の半分の市民は喝采を送り、残りの半分の市民は「またかいな」とうんざりする。

そのような反知性的な発言を「本音の政治」と呼んで持ち上げる勢力もある。

例えば二〇一三年、当時、大阪市長だった橋下氏は、沖縄のアメリカ軍普天間飛行場で司令官に、アメリカ兵による性犯罪抑止策として「もっと風俗業を活用してほしい」と勧めたために批判を浴びた。維新の会が国政に打って出た時期だったので、後にこの発言は撤回した。しかし二〇一六年、米軍軍属による暴行事件が起こると再度、ツイッターに「まあこれは言い過ぎたとして発言撤回したけど、やっぱり撤回しない方がよかったかも」と投稿する。

はるか以前も、政治家の失言というものは常にあった。しかしそれは、本音がぽろっと出てしまうたぐいのもので、このように確信犯的に発言を重ねるということは少なかったのではないか。橋下氏の亜流である杉田水脈氏などの一連の発言を見ると、そこには、それを許容し、賞賛さえする勢力が周りにかなりいるのだろうと思わざるを得ない。

それにしても「風俗産業をもっと使え」などという発言が、はたして「本音の政治」と呼ぶに値するだろうか。そんなものは「本音」ではなく「本能」ではないか。私たち人間は動物としての本能を理性によって制御することで、高度な文明社会を築いてきた。その理性の高度な形として学術の営みがある。

　ご飯を食べずにおやつを食べたいと床を転げまわって泣き叫ぶ三歳児に、根気よく、食事を摂らせる。風呂に入れる。パジャマに着替えさせる。読み聞かせをして眠らせる。親も子も、子育ては本能との闘いだ。こうして人は、少しずつ人になっていく。その尊い営みを後退させてはならない。

第4章

大学を開く——芸術文化観光専門職大学創設

山陰の秋の味覚、松葉がに。11月から3月まで漁が行われる

入試……二〇二〇年一二月

一一月に入った頃から、「今年は降りますよ」と、但馬の人々は口々に、どこか少しうれしそうに話してきた。「カメムシが多い年は豪雪になる」といったように、降雪にはいくつかのジンクスがあって、今年は様々な条件が揃っているらしい。

一二月一四日、早朝、雪になるかと思っていたが、この時点では傘をささなくてもいい程度の小雨だった。まだ暗い中、五時四五分の始発列車で江原から福知山に出て、そこから高速バスで三宮に向かう。福知山駅前でバスを待つうちに夜が明け始めた。神戸は曇り空であった。

以前もこの日記に書いたかと思うが、豊岡市から京阪神へ向かうルートは大きく三つある。山陰本線で京都へ。あるいは福知山線で大阪へ。そして播但線で姫路を経由して神戸へ。

兵庫県庁で一〇時からの会議なら、播但線経由七時三三分発の特急はまかぜに乗ればいい。このルートが一番早く、二時間で三宮(神戸)に到着する。しかし、この特急はまかぜは一日に三便しかない。会議が九時からの時は、始発から各駅停車を乗り継いで姫路に出て新幹線に乗るか、あるいは福知山で福知山線の特急に乗り換えて尼崎でさらに神戸線で新快速に乗るか、いずれにしてもいくつかの乗り換えがあって少々不便だ。通勤ラッシュにも巻き込まれる。そこで、この時間帯なら高速バスを利用することになる。いずれにしても家から三時間はかかる。兵庫は広い。

二〇二一年四月に開学予定の兵庫県立芸術文化観光専門職大学は、一〇月末に無事に文部科学省から認可が下り、本格的な開学の準備に入っている。コロナの影響で、例年より認可が二カ月遅れた。そのために推薦入試、総合型選抜入試(かつてのＡＯ入試)の日程が、ぐちゃぐちゃになってしまい、一二月に、これを一挙に実施することとなった。受験生からすれば大変な迷惑、混乱だろうが、年があければ他大学の一般入試が始まるので苦渋の決断であった。

大学は、いま豊岡駅前に建設中で、設置準備室は列車で二時間離れた兵庫県庁の中にある。採用予定の教員たちは、まだ全国に散らばっている。入試の手間は尋常ではない。たいていの会議はオンラインで済ませられるが、守秘義務、書類の管理責任が重い入試は人力に頼らざるを得ない。教職員は兵庫県内を右往左往することになる。

記念すべき最初の推薦入試は一二月一二日の土曜日に、豊岡にある但馬県民局(＝兵庫県豊岡総合庁舎、県庁の支社のようなもの)をお借りして実行し、そこで書かれた小論文は、業者に頼んで厳重な保管のもと神戸に運び込み、県庁の一室での採点となった。人手が足りないので私も採点に加わった。この日(一四日)の早朝からの仕事は、この小論文の採点会議だった。当日のグループワークや面接の採点と集計して、数日後には、また県庁の準備室で合格判定会議を開く。会議は教員の集まりやすい神戸で行わざるを得ない。

我が大学は、推薦入試は約五倍、総合型選抜にいたっては一一倍という想定以上の志願者を集め、まず順調なスタートを切った。出願者のいない県は四県のみで、文字通り全国から受験生を集める結果となった。舞台芸術と観光を学ぶ大学というコンセプトが、まさに待たれていたという証左だろう。私はこれを「意外と大きな隙間」と呼んできた。

推薦入試、総合型選抜とも、面接、グループワーク、小論文の組み合わせとなっている。グループワークについては以前、豊岡市の職員採用試験の項で書いたような内容だ。

さらに本学の入試の特徴は、多くの場合、三つの試験を関連付けて運営している。たとえば「高齢者の免許返納が進まないので有効と思われる施策を三つ示せ」という小論文のお題を出す。必要に応じて関係する資料も読ませる。次に、その同じ題材でグループディスカッションを行い、グループとして三つの案を提出させる。最後に面接でグループワークで起こった出来事についての質問を行う。こうして受験生を多角的に見る入試を構想した。年明けに行われる一般入試も集団面接を導入するなど工夫を凝らしている。

さて、その結果として、どんな学生が入学してきてくれるだろうか。

小論文の採点が少し早く終わったので、急いで三宮で食事を済ませて、日に三本しかない「はまかぜ」に飛び乗った。一二時四二分に三宮を出ると、一四時四六分には我が家のある江原駅に到着する。但馬に入ったあたりから空模様が怪しくなってきたが、それでも江原駅周辺はまだ、時折小雨が降る程度だった。

いったん家に帰り、そこから車で神鍋高原に向かう。神鍋の民宿をお借りして私塾の合宿を行っているので、そこに合流する。少し山道を登ると、植村直己冒険館のあたりから、すでに雪となっていた。夕方まで春の公演に向けてのオーディションと面接。外に出ると車のボンネットには、もう五センチほどの雪が積もっている。

さらに一度自宅に戻って、子どもと少し遊んでから夕食。そして七時から一〇時まで、江原河畔劇場で週末に行う公演のための稽古。この頃には、平地でも雪に変わり少しずつ積もりはじめた。再度、夜道を神鍋へ。残りの面接を済ませて深夜に帰宅。下りは、通常は一五分ほどの道を倍近くかけて慎重におりる。

翌一五日。朝起きると庭先も数センチの積雪。子どもは大はしゃぎだ。まだ車は普通に出せるので、少し早めに家を出る。雪は静かに降り続いている。ところが円山川沿いを北上していくと一〇分も経たないうちに、急に晴れ間が広がった。これが但馬の天気の特徴で、長雨のあとでも、あっけないほどの青空が広がることがある。豊岡盆地を囲む低山の山の端が、薄く白く染まり、それが朝日に輝いて光っている。初めて見る光景だった。

午前中は地元の豊岡高校で三時間の公開授業。この日は理数科進学コースの一年生が対象。見学者多数の上に、オンラインで県内の高校の先生方も見ているらしい。高校生たちののりもよく無事に授業を終える。その後、昼過ぎから、さらに北上して城崎温泉の先、津居山港にある港西小学校で授業見学。この学校は、三月に一五〇年近い歴史に幕を下ろし、隣の小学校と合併になる。その閉校式典の演出を私がお引き受けすることになった。この日は、児童の様子を見ることと細かな打ち合わせ。「浜雪」と言って、豊岡では海岸線ほど雪が多いとされている。ただ、この日の午後は降ったりやんだりで、まだ大きく積もるというほどではなかった。

車を反転させて河畔劇場へ。一七時からリハーサル。二一時にそれが終わって、再び神鍋へ。もう雪が相当積もっているが、国道は除雪もされていて危ないということはない。深夜までオーディションの続き。さすがに夜道は慎重に運転して帰る。一二時過ぎ、風呂に入ってすぐに眠る。

一六日。五時に妻に起こされる。雪は一晩しんしんと降り続き、雪かきをしないと車が出せないほどの積雪となっていた。原稿を書きながら、合間に雪かきをする。私の暮らす江原は雪が少なく、例年、雪かきが必要なのは数日だと聞いている。実際、昨年は、雪の降った日は東京にいたので、これが初めての豊岡での雪かきとなった。来年は、学生たちとキャンパスで雪をかく。北国出身の学生が、南国から来た学生に雪かきのコツを教えている姿が目に浮かぶ。

コロナ禍ふたたび ……二〇二一年一月

但馬は雪の正月となった。

一二月の中旬に積もった異例の大雪がほぼ姿を消した年末、さらなる大寒波がやってきた。私は大晦日に東京で幕を開ける舞台を一つ抱えており、年末は二週間ほど東京に滞在していた。豊岡に戻るのは一月一日早朝の便の予定だったのだが、この日は天候が大荒れになる予想が出ており、急遽、帰宅を一日繰り上げることになった。

初日の舞台を終えて、すぐに地下鉄とＪＲ、京急と乗り継いで羽田に向かう。すでにこの日も新幹線には遅れが出ていたので、伊丹までは飛行機で飛ぶことにした。京都発豊岡方面行きの特急きのさき号もまた運休が相次いでいた。そこで伊丹空港からはバスで新大阪に出て、さらに高速バスで豊岡に帰る経路を選んだ。自宅のすぐ近くにバス停があり、この点も不便はない。但馬に入るあたりから一面雪景色だったが、高速も国道も除雪が進んでいてバスの遅れはなかった。

家に着いたのは深夜一〇時過ぎであった。前年(二〇一九年)の暮れは家族で紅白を見て、近所の寺に除夜の鐘をつきに行ったのだが、この日は雪遊びと雪かきで疲れたのか、妻も息子もぐっすりと眠っていた。風呂に入り、ビールを飲みながら一人で新年を迎えた。

演劇界にとっては戦後最悪の年であった。私自身は江原河畔劇場を開業し、第一回の豊岡演劇祭を成功させ、そして芸術文化観光専門職大学開学の認可を得た、それなりに充実した一年でもあった。この最悪の年に、これだけの成果を上げ、新作を三本も書けたことは演劇の神様に感謝しなければならない。

この日、東京の新たなコロナ感染者は一三三七人、一挙に一〇〇〇人の壁を超えて社会に衝撃を与えた。明るいニュースはなく、すぐにテレビを消して床についた。

一日は朝から雪かきだった。雪そのものは降ったりやんだりで、ふと空を見上げると南の空から飛行機が飛んできた。コウノトリ但馬空港の除雪能力は素晴らしく、いつも欠航の主な理由は霧と風だ。この日も飛行機は飛んだようで、これなら、ゆっくりと帰宅してもよかったかもしれない。

二日は家族で、海岸沿いの温泉旅館に出かけた。Ｇｏ Ｔｏ トラベルが停止されたあと、豊岡市では以前行っていた「ＳＴＡＹ豊岡」というキャンペーンが再開となった。豊岡市民は、市内の宿泊施設を実質半額で利用できる。私たち家族も普段は泊まれない高級旅館に泊まって、カニと但馬牛を堪能した。三歳になった息子と初めて温泉につかった。息子は露天風呂と屋内の大浴場を五往復した。

翌日は城崎マリンワールドで半日を過ごし、家に帰ってからはまた雪かきに精を出し、こうして私の三が日は終わった。

四日以降、勤務するそれぞれの大学は授業が再開となった。しかし、多くの授業はオンラインとの併用となっている。学生たちは、大学のキャンパスではオンライン授業を受けることができない（そのようなスペースがない）ので自宅にいることになる。そうなると、いくら対面授業を行おうとしたところで、前後の授業がオンラインだと出席ができないことになる。結果としてすべての授業がオンラインとのハイブリッド（要するに対面だけれどもオンラインでも参加できるように工夫し、学生が授業を受ける権利を保障する）で進めることを要請される。教員の負担は倍増した。

私は四日から、オンラインの授業も挟みながら、香川県善通寺、浜松、大阪と大学を渡り歩いた。

そうこうするうちに感染者数はみるみる増えて、ついに二度目の緊急事態宣言の発出となった。

私たちは当初、劇場には、休業や時短の要請はないと聞き安心をしていた。これまでも劇場や映画館での「鑑賞」でクラスターが発生した例はなく、安全性は科学的にも証明されている。どの劇場も舞台上から二メートルの間隔を開け（だいたい最前列、あるいは前二列を潰す）、換気に気をつけながら、ほぼ定員通りでの興行が再開されていた。やっとその安全性が認知されたものだと安堵もした。

ところが発出が決まったあとの一月九日からの三連休で、事態は思わぬ方向に進んだ。たしかに劇場への時短要請などはないのだが、緊急事態宣言の対象都府県では八時以降の不要不急の外出は自粛が要請され、演劇もその対象となるというのだ。多くの劇場は、夜の公演は七時開演、演劇は二時間ほどのものが多いから、いずれの上演も対象となる。しかし私たちはもうチケットを売ってしまっている。私の劇団も一月一五日（この時点では翌週末）初日の公演を抱えており、大きな不安が走った。

上演会場は昨年と同じ武蔵野市立の吉祥寺シアターであるから、武蔵野市が八時以降の閉館を決めれば、そもそも上演はできない。演劇界にも様々な噂が流れたし、それを受けて劇団内でも何度か協議の場が持たれた。マチネ（昼の公演）だけなら上演してもいいのだろうから、ソアレ（夜の公演）をすべて中止する。あるいは時間を切り上げて六時開演とするか。しかし平日六時開演でお客様が来るだろうか。

結局、興行界と内閣府で交渉が持たれ、すでに前売りを行っている公演に関しては、八時以降の上演も許可されることになった（もともと「自粛のお願い」であるから許可も何もないのだが）。客席は定員の五割まで。うちの劇団は、この事態を予測して前売りを半分で抑えていたので混乱は少なかった。

劇団の方は無事に公演を続行することになったが、私が経営するこまばアゴラ劇場では上演中止や延期の決定が相次いだ。地方の劇団で上京をためらうもの、劇団員に感染者や濃厚接触者が出て稽古を続行できなくなったもの、公共施設が相次いで閉鎖され、稽古場を確保できなくなったもの、そして、八時以降の上演の前売り発売ができないので、そもそも興行が成り立たなくなってしまったもの。

いずれにしても、私たちは飲食業と違って、時短要請を受けたわけではないので、一日六万といわれる協力金などは支給されない。「自粛はするが補償はない」という昨年三月の時点に完全に戻ってしまった。

若手演劇人たちの失望は大きい。ここまでは頑張ってきたが、もう乗り切れないのではないかという声も多く聞く。東日本大震災のときも、四月の余震でメンタルをやられた人が多くいた。人間は一度の大きな厄災には立ち向かえるが、その途上で、さらに困難が繰り返されると心が折れやすい。

一方、城崎温泉は一二月末からの一カ月で、約二〇億円のキャンセルが出たと聞く。神鍋高原は、昨年から一転しての大雪でスキー場が賑わった。禍福はあざなえる縄のごとしだが、もう少し福が増えてほしいと願う。

ハラスメント　……二〇二一年二月

但馬にも少しずつ新型コロナの感染者が出て、二月は緊張の日々が続いた。

東北ではまた大きな地震があり、寒波があり、東京では森喜朗オリンピック組織委員会前会長が女性蔑視の発言を繰り返し、そしてワクチンの接種が始まった。

豊岡市でも、たとえば城崎温泉は一月、二月のキャンセルが累計損失で数十億となり、大きな打撃を受けている。前回の緊急事態宣言はオフシーズンだったので、思い切って城崎の町自体を閉鎖し、従業員にも休んでもらって体力を温存した旅館が多かったが、今回はカニの季節、一番のかき入れ時にあたってしまったので、その損害は計り知れない。廃業する旅館も出るのではないかと心配されている。私たちはそれでも公演を続けているが、中止、延期となった学校公演も多い。

江原河畔劇場は、もうすぐ開業一年を迎える。豊岡演劇祭を挟んで、ともかく波瀾万丈の一年だった。あらゆる事柄が四〇年近くになる演劇人生始まって以来のことで、苦渋の決断を何度も迫られた。ただその中でも劇団員の移住は続き、この街に来た者たちは皆、豊岡に移り住んでよかったと考えている。多くは子育て世代なので、なおさらであった。豊岡市でならば、母親が子どもを育てながら演劇にも出演できるからだ。

私たちの劇団の誇りの一つは、演劇界、とりわけ小劇場界で最も子だくさんの劇団だという点だ。

九〇年代まで、いや今世紀に入っても、小劇場界隈では多くの女優は出産とともに俳優業を諦めなければならなかった。私たちの劇団は、万全とは言えないが、その障壁に小さな風穴をあけてきた。ただ、それははじめから計画をしてのことではなかった。

この原稿が活字になる頃には、五輪自体の開催の可否が議論の中心となり、きっと森氏の発言などは旧聞に属することになっているのだろう。発言自体も論評にもあたらない極めて卑劣なものだが、女性の社会進出や子育て支援に関連して、少し思うところがあるので書き留めておきたい。

まだ森氏が会長だったころ、辞任問題を巡って「余人をもって代えがたい」という発言が相次いだ。ハラスメント問題に多少でも関わったことのある人なら、この点について強い違和感を覚えたのではないだろうか。私のつたない経験からいっても、ハラスメントは、「余人をもって代えがたい」と自他共に認識している人間に起こりやすい。

少し回り道の説明をする。

二〇代の頃、私は従来型の「劇団」という組織になじめず、これをどうにかして、もっと緩やかな共同体にできないものかと考えた。演劇は省力化の難しい分野で、どうしてもマンパワーに頼らざるを得ない部分が多い。諦めているわけではないが、貧乏がつきまとうのも宿命のようになっている。

欧米では、演劇を作る主体は多くの場合、劇場なのだが、日本ではこれを民間劇団が担ってきた。公的支援も少ない我が国では、経済的には、なかなか採算をとるのが難しい。劇団がある種の政治的理念で集まる結社のような時代ならば、それもしかたのないことだった。

俳優の仕事はスポーツ選手などと並んで実力の世界だから、本来は裁量労働制がふさわしい。しかし実際には、小さな劇団の俳優は、舞台設営や制作の仕事も担わされる。昨年、そのような諸作業を無給でやらせていた劇団が訴えられ、俳優側に勝訴の判決が出て演劇界に小さな波紋が広がった。どの劇団も多かれ少なかれ、俳優に様々な作業を強いてきたからだ。

そのような強制力の強い集団を維持していくためには、何か架空、仮想のイデオロギーが必要だ。当劇団においてのそれは「かけがえのない役」という幻想だというのが、その頃の私の分析だった。当時、多くの劇団において、それがどんなに小さな役であっても、かけがえのない役であり、俳優一人ひとりは劇団にとってかけがえのない存在だとされていた。

三〇になったばかりの私は、この点を強く批判し、最初に出した演劇論集『現代口語演劇のために』において「俳優は交換可能だ」と主張した。若い、生意気盛りであったから「俳優は将棋のコマだ。かけがえのない役などというのは劇団を維持するための欺瞞に過ぎない」と言って回ったために強い批判にさらされ、無用の敵も多く作った。その後少しは人間が円くなって、「俳優は考えるコマである」とでも言うようになったが。

しかし、いま思えば、その当時はそんな言葉さえなかった「やりがい搾取」について私は考え、語っていたのだと思う。私たちの劇団は、劇団員の数を増やし、作品の再演を続ける課程で、俳優が代替わりしていくシステムを構築した。そして、そのことが図らずも、劇団員が安心して出産し、子育てが落ち着いたら、また現場に戻れる環境の整備につながった。

今年の正月、スペシャル版で話題となった『逃げるは恥だが役に立つ』でも冒頭で取り上げられていたように、比較的大きな企業でも、部のメンバーの一人が妊娠すると、その産休・育休が明けるまでの期間、残りの女性社員は出産を控えるといった不文律があるらしい。もちろんすべての企業というわけではないし、不文律であるから、当然、企業や部署によって濃淡もあるだろうが。

だが、交換不可能な仕事などないし、交換不可能な役などない。企業も劇団も、それを前提にして人事を進めなければならない時代が来ている。そして、その方が最終的に生産性も向上する。

うちは貧乏劇団であるから、育児手当が出たりするわけではない。子育て支援の方策は限られている。ギャラの遅配もしょっちゅうなので何も胸を張れるところはない。それでも毎年、「青年団なら、子どもを産んでも俳優が続けられるので」という理由で、入団を希望する若者たちが一定数いる。

ただ、事態はより複雑だ。

すべての役は交換可能だ、すべての仕事は交換可能だという前提で私たちは劇団運営を進めてきた。しかしそうなると今度は、承認欲求の発露としてハラスメントを起こす人間が一定数現れた。要するに人は「自分だけはかけがえのない存在だ」と認めてほしいのだ。だから要職に就いている人間ほど、自分がかけがえのない存在だということを周囲に認めさせたくて暴言を吐いたり、ハラスメントを起こしたりする。子どもが、どこまでのいたずらなら母親に許されるかを試し続けるように。

もちろん、だからといって改革を止めるつもりはない。承認欲求のためのハラスメントには厳しく対処し、どんな要職にあっても、ときには退団を含む厳しい処分を行ってきた。道は半ばであるが、あと戻りはできない。

少子化問題　……二〇二一年三月

オリンピック組織委員会の崩壊が止まらない。「膿を出し切る」「これで日本社会が変わっていくきっかけになれば」という声も聞くが、もはや滅び行く老大国の断末魔のようにも思えてきて暗澹たる気持ちにさせられる。

一方、私の住む豊岡市は、ここのところジェンダーギャップ解消の先進自治体として、にわかに脚光を浴びている。森喜朗氏の発言なども影響して取材が殺到し、当の中貝宗治豊岡市長も「まだ何も成果を上げていないのに」と困惑しているほどだ。

豊岡市のジェンダーギャップ解消戦略がユニークなのは、その動機の不純さにある。

ジェンダーギャップの解消は、基本的に、そして徹底的に人権の問題だ。性別や性的指向、出身や人種による差別を受けない社会を築いていくことは政治の責務である。もちろん、そのことは十二分にわかった上で、豊岡市は、「ジェンダーギャップ解消は、最も重要な人口減少対策だ」という視点をはっきりと打ち出した。

これまで但馬には四年制大学がなかったので、一八歳の七割以上が豊岡市をいったんは離れることになる。この若者たちが二〇代で再び故郷に戻ってくるかどうかを「若者回復率」と呼ぶ。実は豊岡市は、この回復率は増加傾向にある。二〇〇〇年前後には三〇％を切った回復率が、現在では四〇％近くまで戻ってきているのだ。Uターン政策は、一見成功しているかに見える。

しかし大きな問題は女性の回復率だった。二〇一〇年から一五年の間、男性の回復率は五二・二％にまで戻ったのに対し女性のそれは二六・七％に過ぎない。中貝市長は、この事態を直視し、「女性に選ばれない町になっている」と明言してきた。

少し問題をさかのぼって考えてみよう。地方における雇用政策は、これまで、大雑把に言ってしまうと高卒男子を囲い込む政策だった。出稼ぎ、集団就職をなくす政策と言い換えてもいい。公共事業を通じて地方に富を再分配し、故郷に雇用を創出する。この田中角栄型の政治手法は、たしかに大きな成果を上げた。「地方の多様性を奪ってしまった」「中央依存体質を生み出してしまった」などなど、批判をしようと思えばたやすいが、その功罪を考えれば功の方が多かったと私は思う。たしかに地方は豊かになった。

だが、この成功体験は地方自治体を縛るものともなった。七〇年代以降、高校卒業者の進学率は急上昇し、専門学校も含めた高等教育機関への進学率は八三・五％(二〇二〇年度の速報値)となっている。雇用の場を作り、高卒男子を囲い込む政策は完全に時代遅れのものとなった。さらに、自治体が最も見誤った、あるいは見てみないふりをしてきたのは、女性の四年制大学への進学率の急上昇だ。私と同年代、すなわち八〇年代までは、女性の四年制大学への進学率は十数％だった。相当優秀な女性でも、就職のことを考えて短大進学を選んだ時代だ。しかし九〇年代以降、大きな変化が起きる。現在女性の四年制大学進学率は五〇％を超えるようになった。このことは何を意味するのか？

これまでの高卒囲い込み政策が、単に過去のものになっただけではない。これからは、豊岡市で言えば、神戸、大阪、京都、そして東京での刺激的な生活を、最低でも四年間経験してきた若者たちに、それでも故郷に帰りたいと思ってもらわなければならないのだ。「女性に選ばれていない」ということはすなわち、豊岡出身の女性たちは故郷に戻らないことを決意したのだ。

もちろん、この統計にはからくりがある。残念ながら日本では今のところ、夫婦になった場合、男性の就職先の都市に住む傾向がある。女性の方が回復率が低いのは、その影響も強いだろう。だからなおさら、大卒時点での故郷回帰を強めなければならない。

豊岡市のジェンダーギャップ解消に話を戻そう。とにかく女性に戻ってきてもらわないことには、少子化対策、人口減少対策は進まない。何しろ豊岡市では、結婚した世帯の子どもの数は、ここ一〇年、上昇してきているのだ。もちろん恋愛も結婚も出産も子育ても、まったく個人の自由であり、内面の領域なのだが、しかし統計上は「結婚してくれさえすれば子どもは生まれる」ということになっている。あるいはフランスのように、結婚しなくても安心して子どもが産める社会にするかだ。

よく言われるように、子育て支援をしたからといって子どもが増えるわけではない。出産奨励金を一〇〇万出そうが二〇〇万出そうが、「一〇〇万円もらえるなら、もう一人産もう」という親はいない。子育て支援は女性の社会進出のために、どうしても必要な政策だが、少子化対策との連関は薄い。

少なくとも地方においては。

地方自治体にとっての少子化対策、人口減少対策は、女性たちに戻ってきてもらい、さらに結婚してもらうことにつきる。だが、そのためにはジェンダーギャップを解消し、女性が働きやすく、また働きがいを持てる社会を作らなければならない。

もちろん、このような理路には批判も多くあるだろう。たとえば結局は女性を「産む機械」としか考えていないのではないかという指摘が当然起こってくる。その通りなのだ。いくら結婚も出産も内面の問題だ、個人の自由だと言ったところで、ここまで少子化が急速に進み、近い将来、社会が崩壊するのが目に見えている今となっては、そして今のところ女性しか子どもを産むことができないという現実がある以上、私たち男は過去の過ちを認め、それを謝罪し、少しでも女性が暮らしやすく働きやすい社会を作り、そして「いろいろご事情はあるでしょうが、それはまったく個人の自由なのですが、できれば結婚して子どもを産んでください」と再び、三度、頭を下げ続けるしかないのである。

私が芸術監督を務めて来た城崎国際アートセンターは、四月一日をもって館長に関西随一のダンスプロデューサーである志賀玲子さん、芸術監督には、いま最も注目されている劇作家演出家の市原佐都子さんに就任していただくことになった。また豊岡演劇祭にも相馬千秋さんという日本を代表する制作者に総合プロデューサーとして参加していただくことになった。いずれも性別などとは関係なく最高の人事ができたと自負しているが、一方で当初から女性の中から選んだということも事実である。

中貝市長と臨んだ記者会見では、ここら辺の説明が難しいと話し合ったが、率直にジェンダーギャップ解消の一環の人事であることも明言した。その後の記者からの質疑では、「女性だから選んだのか？」といった質問は一切なかった。時代は、少しずつ変わっている。少しずつでは間に合わないのかもしれないが。

芸術文化観光専門職大学開学　……二〇二一年四月

二〇二一年四月一日、兵庫県豊岡市に兵庫県立芸術文化観光専門職大学が開学した。東京都とほぼ同じ面積を持つ但馬地域にとって、初めての四年制大学だ。そして日本で初めて、国公立で演劇やダンスの実技が本格的に学べる大学でもある。いくつもの悲願、多くの人々の希望をのせて新しい学びの場が開かれた。

一日の開学式のあと、二日、三日は入寮式だった。一年生は地元の学生でも全員が寮に入る。城崎温泉の知り合いの旅館さんからは、「入寮式前に滞在してくださった家族が複数います」という報告も来た。観光が主産業の豊岡にとって受験ツーリズムは、演劇ツーリズムやスポーツツーリズムと並んで新しく開拓が期待される分野になっている。

四日の日曜日を挟んで、五日はいよいよ入学式だった。本校には大きな講堂がなく、最大二三〇名収容の小劇場で入学式を行うこととなった。コロナ対策で入場者数を制限したので、保護者や一般教員は別室で映像を見ながらの参加となった。私は以下のような式辞を述べた。

はえある芸術文化観光専門職大学一期生の皆さん、ご入学おめでとうございます。

保護者の皆様におかれましては、新設の大学ということで、まだまだご心配のことも多いかと思いますが、教職員が全力で学生一人ひとりの学びと生活のサポートをしてまいります。

また本学の開学まで、多大なご尽力、ご支援、ご協力をいただきました井戸敏三兵庫県知事、五十旗頭真兵庫県公立大学法人理事長、県議会の皆様、県立大学の皆様、そして兵庫県のスタッフ、自治体の関係者や、なにより地域住民の皆様に心から感謝申し上げます。ありがとうございました。

入学式で式辞に立つ筆者

さて、皆さんは、今日から正式に大学生となります。

高校まで「勉強」「学習」と呼ばれていたものが、今日からは「学問」と呼ばれるようになります。ではその「学問」とはなんでしょう。あるいはそれを大学で学ぶ意義は何でしょう。いろいろな答え方があると思いますが、私は、それは端的に言って、科学的に考え、理性によって行動する習慣を身につけることだと考えています。

東日本大震災における原発事故、あるいは今般の新型コロナウイルス感染症の問題を通じて、科学への信頼は大きく揺らいでしまいました。テレビには多くの専門家が登場し、様々な意見を述べますが、いったい何を信じていいのか分からない状態がいまも続いています。それどころか、インターネット上にはフェイクニュースがあふれ、それによって社会が混乱することもよく起こります。

しかし、だからこそ、科学的に考え、理性によって行動することが望まれます。氾濫する情報に振り回されずに、皆さん一人ひとりがきちんと必要な情報を入手し、それを使いこなし、さらに理性によって行動することが求められています。

科学的に考え、理性によって行動するということを、もう少し具体的に考えてみましょう。

いま、この会場にいる新入学生八四名のうち六九名、八二％が女子の学生です。しかし教員における女性の割合は二五％にすぎません。すぐに見て分かるように、こちらの壇上に並んでいるのも来賓の皆さんも大半が男性です。私は学長として、この状況を少しでも改善していきたいと考えています。

こういったジェンダーギャップの壁のことを「ガラスの天井」と呼ぶことは、皆さんご存じかと思います。しかし、そのガラスの天井は、本当に無色透明の透き通ったガラスでしょうか？

実は、大学を作るのには、厳しい設置基準があります。この大学に全国から集まった教員の皆さんは、文部科学省の厳しい審査をくぐり抜けてきた精鋭の先生方です。教員の審査には、研究の業績などの他に教員としての履歴も対象となります。例えば教授になるためには准教授を何年以上やっていなければならないといったことです。

現在、すべての大学における教員の女性比率は二五％前後です。しかも、新しい大学を作る際には、各分野ごとに、講義内容にふさわしい経歴を持った先生を採用しなければなりません。本学で言えば、マネジメントなど分野によっては、まだまだ、もともと女性教員の少ないセクションもあります。

もう皆さんはお分かりになりましたね。

普通に大学設置の基準を守っていては、どんなに努力しても女性教員はすぐには増えないという結論になってしまうのです。

これを打破するためには、何か強力な政策や、他の新しい基準が必要になるでしょう。私自身、制度の壁を破れなかったことに対する深い反省を背中に負って、いまここに立っています。

本当に申し訳ないと思います。

ただ、いま、ここで述べたいことは、ジェンダーギャップの話ではありません。そのことを話すのは、この時間では足りません。本題に戻ります。

このように、数字や制度を論理的にたどっていくと、無色透明に見えたガラスの天井にも、いろいろな傷や曇りやひび割れがあることが見つかるのです。それが「科学的に考える」という態度です。ここでいう科学とは、もちろん自然科学だけではありません。数字や数式を駆使して自然界の法則を導き出す自然科学はもちろん重要です。そこで得られた客観的な情報や数値を、歴史や社会制度に照らし合わせて考えていく社会科学、そしてそれをどう人々に伝え共感を得るかを思考する人文学、それら諸科学を統合した科学的な態度を、皆さんには身につけていただきたいのです。

さて、ここで皆さんは、さらに疑問に思うかもしれません。この大学は、観光やアートといった人間の感性について学ぶ大学ではないのかと。その通りです。

しかし皆さんは、その感性と呼ばれるものについて、大学でそれを学ぶという選択をしました。人々の感動は、どのようなメカニズムで起こるのか。観光地や劇場に人々を引きつける魅力とは何なのか、それを皆さんは学問として学びます。

あるいは、人間は、残念ながら、それほど理性的に行動するものではないということも、社会学や歴史学から学ぶことでしょう。

今日取り上げた差別の問題は、決して女性だけの問題ではありません。いまアメリカではアジア系の人々に対する差別的な行為が深刻な問題となっています。男女を問わず、ここにいるすべての学生が、欧米に留学すれば、アジアの一民族として、そのような経験をする可能性が少なからずあります。

あるいはアジアの都市を留学先として選べば、日本の過去の歴史と向き合うことをも経験することでしょう。

差別の問題だけではありません。環境問題や安全保障の問題。世界は混沌とし、その混沌は、今後一層、深刻になっていくでしょう。

皆さんの人生もまた平坦な一本道ではありません。しかし不条理に直面し、人生に迷ったときこそ科学的な態度を判断のよりどころとしてほしいのです。

これまでみてきたように、科学は、ガラスの天井に見えなかった傷を見つけます。またそれはときに、ガラスの天井を突き破る強い拳ともなるでしょう。あるいは科学は、むやみに拳を傷つけないための柔らかいグローブとなるかもしれません。あるいは科学は、その傷ついた拳から流れる血を拭うハンカチになってくれるかもしれません。

感性を磨くことは重要です。それはとても重要です。

しかし、感性だけでは、矛盾に満ちた世界と戦うことはできない。

皆さんの感性。たとえば皆さんが差別を憎む正しい心が折れそうになるとき、本学で培った理性がかろうじてそれを支えてくれることを願います。芸術を愛する美しい心、世界中からの観光客をもてなしたいと思う優しい気持ちがくじけそうになるとき、本学で学んだ知性がそれをかろうじて救ってくれることを願います。

ご入学おめでとうございます。この大学を選んでくれてありがとう。

そして、この大学を選んでよかったと、ここにいるすべての学生が、四年後に胸を張れる大学を、皆さんとともに創りたいと思います。

令和三年四月五日

芸術文化観光専門職大学　学長　平田オリザ

翌四月六日は終日、入学ガイダンスだった。

この日も冒頭に学長挨拶。私は主に二つのことを学生に伝えた。

一つは、この大学は多くの人の願い、期待を込めて作られたけれども、君たち学生は必ずしもその期待に応える必要はないこと。若者の特権は大人の期待を美しく裏切ることだから。

もう一つ、本学は教員間、教職員間、そして教員と学生の間も、ジェンダーを問わず「さん」付けとすること。なので、まず私を「オリザさん」と呼んでほしい。「平田さん」でもいいのだけど、もう一人平田姓の教員がいるので「オリザさん」の方がいいかと思うとお願いした。

このことは開学式の前後の教職員会議でも伝達をした。一番戸惑ったのは県から来た職員たちだったが、学生はすぐに、当たり前のように私を「オリザさん」と呼びはじめた。

俵万智さんの短歌「万智ちゃんを先生と呼ぶ子らがいて神奈川県立橋本高校」になぞらえるなら、

「学長をオリザさんと呼ぶ子らがいて兵庫県立芸術文化観光専門職大学」と詠みたいところなのだが実はそうもいかない。

本学では、教職員は学生のことを「子」と呼んではいけないことになっている。「あの子たち」ではなく「学生たち」と私たちは呼ぶ。もちろん場合によって「あの子」「この子」と言うこともあるだろう。文脈を無視して言葉狩りをするつもりはないが、しかしハラスメント防止の第一歩は、相手の人格をきちんと認めることから始まる。まして大学一年生だ。一人の大人として対峙するところから、私たちは出発しなければならない。

翌七日、いよいよ授業が始まった。私も朝九時から教壇に立った。極めて優秀な学生たちだという驚きの報告が各教員からも届く。

本学は完全クォーター制(四学期制)、一年次全寮制、一コマ一二〇分の授業など、最先端の大学教育手法を導入している。一コマ一二〇分は、前半を座学、後半はアクティブラーニングにするための構成だ。ゼロからのスタートの大学なので、様々な実験が思い切って出来た。

翌日、四月八日の教授会で、私は教員たちに以下のようにお願いした。

「手間暇をかけた入試で選んだ、とびきり優秀な学生たちです。しかし一方で、まだ一八歳ですから、心と体と頭のバランスを崩すことも多くあるでしょう。あまり期待をかけすぎずに、ゆっくりと学生生活を謳歌させてあげてください」

尻をたたくのではなく、学長が手綱を緩める側に回るほどに、新設の大学は順調に滑り出した。

第5章 演劇の町なんかいらない——豊岡市長選挙

秋の豊岡、
来日山から雲海を望む

豊岡市長選挙……二〇二一年六月

一五歳で定時制高校を選び、一六歳で自転車で世界一周をしてからずっと、平穏無事な人生は歩めないと覚悟を決めてきた。

よいこともあった。大学院にも進んでいないのに准教授、教授と周囲の方に取り立てていただき大学の学長にまでなった。これまでいくつかの演劇賞をいただき、五五歳で子宝にも恵まれた。波瀾万丈ではあるが、それなりに楽しい人生をいまも送っている。

しかし今回の出来事は、ちょっと思いもよらない落とし穴だった。

この日記で触れてきたように、人口八万人弱の兵庫県豊岡市に世界有数のアーティスト・イン・レジデンスの施設を作り、市内のすべての小中学校で演劇教育を導入し、コロナ禍において演劇祭を成功させ、そしてこの四月、日本で初めて演劇やダンスの実技が学べる公立大学として、兵庫県立の芸術文化観光専門職大学が開学した。

しかしその同じ四月末、これまでの事業を推進してきた中貝宗治市長が、接戦の末、選挙戦に敗れ、「演劇のまちなんかいらない」と公言した関貫久仁郎候補が市長に当選した。この「演劇のまちなんかいらない」という発言についていては、後に修正をしているので、この点についてはあとで触れる。

ここ一、二年、様々なインタビューを受ける中で、最後に必ず「障害は何ですか？」と聞かれてきた。私は常に「あまりにうまく行きすぎている。何か見落としていることがあるかもしれない」と答えてきた。しかし、こんなところに大きな壁が立ちはだかるとは思ってもいなかった。

思ってもいなかったという事柄の本質は、まさか自分がトランプ型の選挙に巻き込まれるとは予想していなかったという点につきる。対岸の火事であるなら、これほど興味深い事例はないのだが、当事者としては戸惑いを隠せない。これから数回の間、できる限り冷静に、豊岡市で何が起こったか、起こっているのかを書いていきたいと思う。

ただ、私は公立大学の学長で、学生の学業と生活を守る責務がある。県立の大学だから市長が替わっても大勢に影響はないが、それでも地元自治体である豊岡市とは、とにかくうまくやっていかなければならない。自ずから書けることと書けないことがある。しかも事態は現在進行形で、この原稿を書いている六月中旬にも、現市長自らが、選挙中の私への誹謗中傷を虚偽であったと市議会で認めるなど、先の見えない展開となっている。

先月、初めて連載を一カ月休ませていただいたのも、ショックがあったからではなく(何人かの方に、そのように心配の声をいただいた)何を、どこまで書いていいのか決められない状態にあったからだ。

さて、それでは何から書いていこうか。

今回の市長選挙では、おそらく日本の地方自治史上初めて「演劇」が争点となった。「演劇のまちなんかいらない」というスローガンに対して、現職だった中貝氏は「深さを持った演劇のまちづくり」を前面に押し出し、新聞紙上でも、それが争点であるという論評が相次いだ。

先にも書いたように、これが他人事なら、これほど興味深い選挙はないし、日本の演劇もここまで来たかと感慨さえ持つ。しかし、真相はそうではなかったと感じている。

欧米の極右の主張の根本は、「移民のために職が奪われている」という一点に尽きる。そのこと自体事実ではないのだが、そこにネオナチのような歪んだ愛国心や、人種偏見が絡まってフェイクニュースが拡散していく。

今回の選挙戦で、関貫陣営が行った主張の一つは、「演劇というものが他所から入ってきて、従来からあった文化団体の活動が制限され、補助金もカットされている」というものだった。

たとえば、告示前の公開討論会で関貫氏は、「演劇のまち」を推進することの弊害として、「平田氏がやっているコンテンポラリーダンスのために、市民プラザにおける(従来活動していた)市民のダンスの団体の利用が妨げられた」と発言した。もちろんこれはフェイクニュースであり、そもそも私はコンテンポラリーダンスはやっていない。

先述したように、選挙から一カ月半が経った六月市議会で、市長は、この発言は虚偽であったと訂正した。私のところにも報告が来るそうなのだが、まだ、なぜ虚偽の発言をしてしまったのかの詳細はいただいていない。

別の個人演説会では、私のために他の文化団体への補助金がカットされているという発言もなされた。しかし、そもそも豊岡市の文化団体への補助金は削減されていない。さらに、私たちの劇団は、市民の文化団体に配られるような補助金は、最初からもらっていない。

この点も、調査と訂正を求めているが、現時点での回答はない。

なぜ、そのときに反論しなかったのかと思われるだろうが、国公立大学の教員は、実質的な選挙期間に入った段階から、特定の候補や政党を支持するような発言は控えるように厳しい通告を受ける。まして私は学長として、そのような注意を教職員にお願いする立場にある。

しかし、明らかなフェイクニュースの場合は反論すべきだという意見もあるだろう。ここは見解の分かれるところかと思う。そもそもこの規定は、その教員が直接攻撃されるようなことを想定していない。いや、社会通念上は、市長立候補者が、地域の大きな公的機関である公立大学の学長についてフェイクニュースを流すということも本来あり得ないことなのだと思う。なぜなら当選してから、それは明らかに混乱の要素になるのだから。

当選後のことは考えない、まさにトランプ型の選挙だったわけだが、現市長はトランプ氏ほどの厚顔ではなく、すぐに自分の発言を虚偽だったと認めてしまった。はたして、今後の展開がどうなるのか私にもよく分からない。

興味深いのは、「移民排斥」のような分かりやすい対立構造ではなく、攻撃の矛先が「演劇」に向かったことだ。極めて微温的に、おそらく当事者さえも意識しない形でニューカマーへの排除が唱えられた。これを日本的と呼ぶこともできるだろうし、あるいはファシズムの到来は、いつもこのような無意識のレベルから来るのだと分析することも可能だと思う。後世の判断を待ちたいところだ。

今回の選挙については、何カ月かにわたって書くことになるだろうが、あらかじめ一つだけお断りをしておく。選挙結果は僅差であり、演劇のまちづくりが全否定されたわけではなかった。神戸新聞の出口調査(一四九四名回答)でも、演劇のまちづくりを「評価する」人は三二・六%で、「評価しない」の二九・六%を上回った。私たちは、すでに三割以上の人が、始まったばかりのこの施策を評価してくれているのかと驚いた。


大学の方は順調に推移しているが、やはり学生にも動揺はあった。それはそうだろう。「演劇やダンスの実技が本格的に学べる日本で初めての公立大学」という触れ込みで意気揚々とこの豊岡にやってきたのに、「演劇のまちなんかいらない」と言う市長が当選してしまったのだから。

保護者の中には、ネットでフェイクニュースやSNS上での攻撃的な書き込みを見て心配になり、「娘を寮から避難させたいのだが」という問い合わせが、なぜか神戸新聞にあったと聞いた。

一方で、多くの市民の皆さんから、「私(たち)は、大学を歓迎している」という優しい言葉もいただいた。

六月になると大学も落ち着きを取り戻し、学生たちは普通に勉学に励んでいる。一応、表面上は。

豊岡市長選挙〈2〉……二〇二一年七月

四月に豊岡に開学した芸術文化観光専門職大学は完全クォーター制をとっているので、七月の第一週には早くも第一クォーターのすべての授業が終わり、試験期間、補講期間に入る。七月下旬からは新しいクォーターが始まり、集中講義が続く。

現状、日本でクォーター制を敷く隠れた利点の一つは、他大学が七月下旬には休みに入っているので東京や大阪から多彩な教授陣を集中講義に呼べるという点だ。八月は高橋源一郎さん、九月は宮台真司さんなどに豊岡に来ていただいて三日間ほどの集中講義を行ってもらう。

この間、豊岡演劇祭や竹野スノーケルセンターなどでのインターンシップも入る。

忙しそうに見えるが必修の授業は少ないし、毎週一回といった授業形態ではないので、学生たちは履修の組み合わせを考えて、各自夏休みをとることになる。困ることがあるとすれば、カップルになった学生が履修する科目が違って、一緒に夏休みがとれないといった状況くらいだろうか。

先月の報告についての反響は思いのほか大きかった。

続けて、四月に行われた豊岡市長選挙について、その本質をさらに考えていきたい。

先月は、現市長が選挙中に行った虚偽の発言に関して、市議会で訂正を表明したところまでを書いた。その後、私のところにも連絡があり、この原稿を書いている数日前に、その内容が市長個人のフェイスブックで発表になった。とりあえず、該当する部分を抜粋しておく。

選挙戦では、無我夢中でした。色々な方からの情報を頂きました。激励、誹謗、嫌がらせ等々。そんな中、私も正確でない発信をしたかもしれません。とりわけ市と演劇との関係に関して。事に触れ、平田さんの名や、氏を想像させるような内容を。選挙に直接関係のないご本人にとっては、迷惑なことだったと今になれば感じます。氏との面談時に、誤りの指摘と、訂正を求められました。後日関係者等に確認しましたが、氏の直接の行動で市民団体の活動阻害、市政のコントロールは無いことが分かりました。訂正させて頂きます。演劇の振興は今、専門職大学の開校とも連動し、豊岡の地域振興の一つとなっています。今後は、主人公の市民と融合を図り、市民も楽しめる活動が発展して行けばと感じます。芸術文化観光専門職大学学長、豊岡市長として、相互協力、協働を図り、但馬・豊岡市の地域創生に注力していきたいと思います。

さて、選挙戦にあたって関貫新市長の政策は、「三歳までの医療費無償化」という、ほぼワンイシューだった。しかし、これはうまい作戦だったと思う。たしかに但馬地域の近隣の市町は高校生まで医療費無償のところも多く、豊岡だけが月二回まで有料(一日四〇〇円)となっていた。子どもの医療費無償化の賛否、功罪についてはここでは問わない。ただ今回は、これが緩やかなポピュリズムとして選挙戦略に使われたことは明記しておきたい。

昨年一一月、近隣の丹波市で「全市民に五万円を配る」という公約を掲げた新人林時彦氏が、盤石と思われた現職市長を破った。最初の議会後の記者会見では、五万円の公約決定のこんな経緯も明らかになる。

記者「なぜ公約を五万円にしたのか？」
林「もともと三万円を給付したらどうかと言っていた。選挙参謀から「三という数字はあかん。インパクトないんですわ。五万円はあかんか」と言われました」
記者「インパクトを狙ったということ？」
林「そう言うたら、そうかもしれんね」

（「ＮＨＫ政治マガジン」二〇二一年一月二〇日）

しかもこの公約は、選挙期間に入ってから突如発表された。チラシは用意されていたそうだから、意図的に発表の時期を遅らせ、議論を避ける短期決戦を選んだのだろう。

この公約は新庁舎建設計画の凍結と一体のものだった。選挙戦では、「一〇〇億円もかかる新市庁舎はいらない」とぶちあげ、その財源を使って一人五万円の給付を実現するとした。

人口六万人強の丹波市で一人五万円を配るには三二億円の財源が必要だ。新庁舎建設のための基金（約二二億円）や国からの交付金を充てにしていたようだが、実際に当選してみるとそうはいかなかった。

旧市庁舎をメンテナンスして使うのにも大きな予算が必要で、建て替えた方が長期的にはコストがかからない。また、市庁舎の建て替えのような大きな事業には、通常、自前の基金だけでは足りず、様々な交付金や地方債を組み合わせて費用を捻出する。その積み上げが、たとえば「一〇〇億円」という数字になる。新築をやめれば交付金は出ないので、その金額を他の施策の財源に充てることはできない。もちろん市庁舎のメンテナンスには特別な交付金は出ない。

一律五万円の支給自体、そんな馬鹿げた公約に、国のコロナ対策の交付金は出るはずがない。もしもそれが許されるなら、すべての自治体が同じ政策をとり、国の財政は破綻するだろう。

どの自治体においても、市長は当選すると、まず一週間ほどは担当職員たちから様々なブリーフィングを受ける。五万円給付は目玉政策なので、おそらく財源について詳しい検討が行われたのだろう。

結局、当選から二カ月も経たない一二月二八日、五万円給付の公約は撤回を決断、市民一人あたり二万円の商品券配付に変更となった。

明けて一月の議会は、当然、騒然となった。特に問題になったのは、前市長時代、コロナ禍の生活支援として減免していた水道料金を元に戻し、それを商品券の財源の一部にしようとした点だ。

要するに、地方自治体の予算というのは、財源が複雑に組み合わされており、簡単に組み替えられるものは少ない。すでに多くの自治体は厳しい行財政改革に取り組んでいて、乾いたぞうきんを絞っても、思ったほどには泥水さえ出てこない。

丹波市の林新市長は、それまで市議会議員を三期務め議長まで経験した方だった。当然、そのような財政の仕組みは熟知しているものだと皆が思っていた。しかし先の発言でも分かるとおり「五万円」という公約は、当選するための、いわばフェイクであった。

結局、この一月議会では「二万円の商品券」案も否決され、六月の議会で「低所得層のみに二万円の商品券配付」という妥協案（事業費約二億五〇〇〇万円）が可決された。

愛知県岡崎市でも同様に一律五万円給付を公約に掲げながら、後に市議会で否決。香川県丸亀市は一律一〇万円の支給を掲げて、当選後、五万円に減額、さらに市議会での否決を経て一律三万円給付となった。

これらのあからさまな「バラマキ」公約に比べれば、現市長の「子どもの医療費無償化」は極めて穏当であり巧妙な戦術だった。そしてそれは、前号でも指摘したように微温的なポピュリズムであり、より根の深い問題を抱えている。

豊岡演劇祭は、演劇を主目的としたふるさと納税という、他に転用のきかない資金を財源とし、そこに内閣府の地方創生推進交付金を加えて予算が組まれている。この交付金も他には転用が難しい。そして、市の本体予算は、ほとんど使っていない。要するに演劇、あるいは演劇祭は外部資金を引っ張ってくる手段に過ぎない。

豊岡演劇祭は、予算の六割から七割が地元の観光業や飲食業に落ちる仕組みになっている。演劇祭をやめるのは簡単だが、そうすると豊岡市はみすみす直接消費だけで数千万円を損することになる。

ただし、この行財政の仕組みは市民にはわかりにくい。地方交付税もふるさと納税も、いったんは一般財源に入ってから予算化されるから、当然、市の予算書だけを見れば、表面上、演劇祭は豊岡市の丸抱えで行われているように見える。だが、残念ながら演劇祭の予算を子どもの医療費無償化に充てることは出来ない。医療費無償化のためには、他の市の独自財源を見つけてこなければならないのだ。

新市長も市議会議長まで務めた方なので、当然、この仕組みは理解しているものだと思っていた。理解した上で選挙に当選するために、「演劇のまちなんかいらない」をキャッチフレーズにしたのだと私も思っていた。ところがどうもそうではなかったらしい。関貫氏も市長就任後のブリーフィングを受ける中で、やっとこの点を理解したようだ。当然、市長就任後一カ月も経たないうちに、豊岡演劇祭は開催続行が決定した。「演劇のまちなんかいらない」といういさましいスローガンは「演劇もあるまち」とすぐにトーンダウンした。

演劇祭中止 ……二〇二一年八月

八月中旬の長雨で、豊岡の夏はあっけなく終わった。まだ残暑は続いているが、家の前の河原はトンボの群れが飛び交い、夕暮れ時には秋の気配が漂いはじめている。

そんなのどかな但馬地方にもコロナの波はひたひたと押し寄せてくる。この一年半、感染者は出ても数名、長いときには一カ月以上感染者ゼロを記録してきた豊岡市でも、ここ数日は二桁を記録することがあり、いよいよクラスターの発生も覚悟しなければならない状態となった。

芸術文化観光専門職大学は一年次は全寮制なので、感染者が出るとクラスター化する可能性は十分にある。これまでは水際作戦を敷いて、ゴールデンウィークの帰省も控えてもらい、その上でどうにか対面授業を続けてきた。しかし、すでに学生の中に濃厚接触者も出始め、綱渡りの日々が続いている。

八月一二日、神戸新聞は朝刊で「兵庫県知事が政府に緊急事態宣言の発出を要請」と報じた。この時点では私たちには寝耳に水の話で、とりあえず午前中に豊岡演劇祭実行委員会内で緊急の幹部会議が開かれた。席上、豊岡市サイドとしては緊急事態宣言下での演劇祭の開催は難しいという方針が示される。夕方の県庁での会議を受けて、こちらも正式に決定するということになった。

私はこの日、午後の便で東京に出かける用事があり、夕刻からの会議は空港のラウンジから参加した。ところが、乗り継ぎの伊丹空港で臨時ニュースが流れ、「緊急事態宣言の要請を見送る」「蔓延防止措置を県南から県全域に拡大するが、但馬だけは除外する」という発表があった。私たちは肩透かしを食らい、それなら演劇祭はできるなということになった。

しかし、さらに一転して、週明けの一六日には政府の側から緊急事態宣言の対象に兵庫や京都を加えるという報道があり、演劇祭は再度、中止の方向で動き出した。

一七日には正式に緊急事態宣言の発出が公表され、一八日には演劇祭実行委員会が開かれて、今年度の中止が正式に決定した。

私は、以下のような文章を書いた。少し長いが引用する。

豊岡演劇祭2021の中止について

既報の通り、兵庫県に緊急事態宣言が発出されたことから、豊岡演劇祭2021は中止のやむなきに至りました。オンライン配信などを含め個別の演目の上演については、おってご報告いたします。観劇を予定していたお客様、ここまで準備をしてきた参加団体および関係者の皆様には、本当に申し訳なく思います。以下、長文になりますが、よろしかったらご一読ください。

中止を決断するにあたって、私たち演劇祭実行委員会は主に以下の四点を考慮し、連日、各部署で会議、討議を繰り返してきました。

一．この一年半、劇場の客席からクラスターは発生しておらず、大きな発声などを伴わない演劇や音楽、映画の「鑑賞」については、劇場・映画館はきわめて安全な場であることが政府、専門家会議からも表明されている。

二．一方で政府の感染予防対策は、人流そのものの抑止にシフトしており、全国知事会からも府県をまたいでの移動の自粛などが強く要請されている。

また、そもそも豊岡演劇祭は、都市で開催されるフェスティバルと異なり、観光やまちづくりと深くリンクし、多くの人々を県外から呼び込むことを大きな目的の一つとして開催の準備を進めてきた。

三．但馬地域は比較的感染者が少なく、であるからこそ外からの人流には一層の配慮をしなければならない。また病床数も限られることから、医療機関に過度の負担をかけることにも留意しなければならない。

さらに、フェスティバル参加者の健康被害を防ぐことも実行委員会の重要な責務である。

四．表現の場は、主に以下の二つの理由で、できる限り開かれているべきである。

ａ．表現の自由は可能なかぎり保障されるべきであり、軽々に表現の場を閉ざすことは、未来に禍根を残す。

ｂ．特に若い表現者にとっては、一回一回の上演がステップアップの場であり、豊岡演劇祭への参加の道を閉ざすことが、芸術家としての将来に大きな影響を与える可能性がある。

上記のような様々な要素を検討しても、やはり、二および三の観点から、演劇祭自体は中止せざるを得ないだろうと私たちは判断しました。

お客様の混乱を避けるために、まず、すべての演目をいったん中止としてチケットの払い戻しに応じます。

公式プログラムに参加予定だった団体、アーティストには、これまでかかった費用を補償し、できる限り今後の活動に支障を来さないような様々な支援を検討していきます。

また、演劇祭の灯をたやさないためにも、何らかの形で、但馬地域限定で上演できる演目やオンライン上演も模索していくこととなりました。

さらに、フリンジに関しては、そもそもその主旨から考えても、場所や状況が許せば、「上演をしたい」という願いを拒否する権利は誰にもありません。演じたい、踊りたいという意思を、誰も否定することはできません。感染予防対策をしっかりと行っていただいた上で、状況を注視しながら、これからいくつかの団体が、まさに自主的に公演を行うことになるかもしれません。時期をずらしての上演を検討する団体もあるかと思います。その場合には演劇祭実行委員会としても、できる限りの間接的な支援を行っていきたいと思います。

この週末には東京のサントリーホールで、私が作・演出を担当したオペラ『二人静』が上演されます。数十名の楽団員がパリから来日します。いったい何を上演してよく、何を上演してはいけないのか。「人流の抑制」という概念は理解していても、一演出家としては忸怩たる思いがあります。また、多くの演劇人の発表の機会が失われてしまったことについては、フェスティバルディレクターとして慚愧の念に堪えません。

この一年半、私自身、多くの上演中止を経験してきました。もういい加減にしてくれと心底思います。誰に向かってでもなく。

世界が日常を取り戻す日は、いつになるでしょう。

劇場が非日常を取り戻す日は、いつになるでしょう。

それでも私たちは、芸術家の強い想像力を持って、前を向いて進みたいと思います。どうか、今後とも豊岡演劇祭にご理解とご協力をお願いいたします。

演劇祭が中止となり、多くの方から「新市長の意向ですか？」と質問を受けたが、そのような圧力は特になかった。一方で多くの豊岡市民の方から、「残念だ」「ぜひ、来年は」という励ましの言葉をいただいた。豊岡演劇祭は中止となったが、そのことによって、より存在価値を高めたように思う。

『芸術立国論』……二〇二一年九月

本来ならば豊岡演劇祭が開かれているはずの九月中旬に、私はこの原稿を書いている。しかしその喪失感よりも、いよいよ我が芸術文化観光専門職大学にも新型コロナウイルスの感染者が出て、学長としては、その対応に追われる日々であった。

一月飛ばしてしまったが、四月の市長選挙の、どちらかといえば概念的な総括を続けていきたいと思う。私は二〇年前『芸術立国論』(集英社新書)のなかで、以下のようなことを書いた。少し長いが今回の問題の本質をすでに予見しているような文章なので、引用しておく。

どの地域にもある新住民と旧住民の対立（それは対立という形で表面化していないものでも、その融和は大きな課題となっている）。地域に対する帰属意識の低下。そういった新しいコミュニティの問題を解決するのには、地域に一体感を与える「祭り」が必要不可欠だ。だが従来の祭りでは、宗教色が強く、それを直接行政が支援することはできない。だからこそ地域は新しい形の祭りを求めるのだ。高知の「よさこい鳴子踊り」や、札幌の「よさこいソーラン祭り」あるいは、函館の野外劇などは、まさにその成功例だろう。市民参加型のオペラやミュージカルも、その少し高尚なものだととらえればいい。（中略）

しかし、自治体が芸術創作に直接介入するということは、新しい祭りを作るのとは別の、もう一つの問いかけを含んでいるのではないだろうか。祭りとは、御神輿に象徴されるように、共同体への帰属意識を問うものである。「この御神輿を担ぎますか、担ぐのならば、あなたはこの共同体に入れますよ」という一種の通過儀礼的な要素が、祭りには常に内包されている。

だが芸術作品、とりわけ集団でものを作る舞台芸術には、もう一つ別の問いかけが含まれている。それは、

「あなたと私は、こんなに価値観が違うけど、それでも私たちは同じ作品を作れるだろうか？」

という問いかけだ。

演劇は、異なる価値観を持った人々が集まり、価値観を擂り合わせながら一つのものを創造していく営みである。どんなに演出家の技術が素晴らしくても、参加者全員と、価値観やイメージ

の摺り合わせができていないと、素晴らしい舞台は創れない。これは、いわゆる「祭り」とは、明らかに異なった方向性だろう。だから、この問いかけは、こう言い換えることもできる。

「あなたと私は、こんなに違うけれど、一つの共同体を構成して行けるだろうか？」

これは通過儀礼型の問いかけと大きく異なる。「祭り」が、従来の共同体の価値観を新しい参加者に強要するのに対して、芸術の創造現場では、あらかじめ決まっていることなど何もないのだ。お互いの価値観をいったん尊重し、その価値観はそのままにして、それを摺り合わせて行くところから創作の過程が開始される。

そして、この新しい問いかけ、「異なる価値観を異なったままに、新しい共同体を作る」という試みこそが、いままさに地域の共同体、地方自治体に求められている事柄なのではないだろうか。ここに、自治体が文化行政に関わることの、もっとも積極的で今日的な根拠がある。

だがこの新しい問いかけは、行政にとっては厳しい問いかけにもなるだろう。

従来の行政は、基本的に、いま現在税金を払っている人、あるいは選挙権を持っている人のためのサービスを旨としてきた。

しかし、この新しい問いかけは、明日の住民の権利、いや権利と言わないまでも、明日の住民の感性や価値観をも認めていこうということなのだ。さらには、新しい住民、最初は少数派になるだろう新住民がもたらす新しい価値観を、積極的に共同体の中に取り込んでいこうということだ。

これはしかし、従来の行政の住民サービスの在り方の枠組みからは外れることになる。（中略）これからの時代、人々が居住地を選ぶ理由は、本当に人それぞれになる。ある人は、子どものの健全な成長のために自然環境の優れた場所を選ぶだろう。ある人は、スポーツの盛んな自治体に、ある人は福祉の充実した自治体に、そしてまたある人は芸術活動の盛んな自治体に自ら望んで、居を構えるようになるだろう。そういったIターン、Uターン組を受け入れ、地域を活性化していけるかどうかに、今後の自治体の浮沈がかかっている。

自治体の未来は、明日の住民をいかに受け入れていくかにかかっている。

しかしながら、おそらく逆の判断を選択する自治体も、なかには出てくるだろう。

「いや、うちはもう、従来の価値観に従ってもらえない人は、外からは入ってこなくていいです。今いる住民へのサービスだけで手一杯です」

と精神的な鎖国を宣言することもできるだろう。（中略）

人が誇りを持って生きられる何かを見つけださなければ、地方都市に未来はない。

精神的な鎖国を回避して、開かれた自治体を目指すのならば、そこには、自治体自体の大きな決断が伴わなくてはならない。

「私たちの自治体は、新しい住民、明日の住民の意見も聞きますよ。そういったコミュニケーション能力を持った自治体ですよ」

ということを宣言するためには、その基盤として、コミュニケーションの場を整備し、価値観を摺り合わせる習慣を共同体の中に作っていかなくてはならない。

繰り返すが、劇場、音楽ホール、美術館といった芸術施設は、まさにその出会いの広場とならなくてはならないのだ。そしてそれは、言うまでもなく、公立ホールという施設を作っただけでは広場としては機能しない。この目に見えない広場作りに、いかに有効に限られた財源を投下していくかが、今後の地方自治体の在り方を決定していくことになるだろう。

二〇〇一年に書いたこの文章は、まさに自らの人生の予言の書となってしまった。

演劇祭のない九月は、あっという間に過ぎていった。すでに来年に向けての様々な準備が始まっている。ここにとどまるわけにはいかない。

さらに市長選挙について〈3〉……二〇二一年一〇月

秋を飛び越えて、但馬は一気に冬の気配となった。

一〇月二四日深夜、一週間後の衆議院選挙に先駆けて、豊岡市議会議員選挙の開票速報を地元のFMラジオで聞きながら、私はこの原稿を書いている。

今年の豊岡はまさに選挙の年で、四月の市長選に始まって七月の県知事選、そしてこの一〇月に市議会議員選挙と衆議院選挙が行われる。これまで書き綴ってきたように、四月の市長選挙は「演劇のまちづくり」が大きな争点となったわけだが、秋の市議選では、この問題を取り上げた候補は、ほとんどいなかった。それどころか、本来は争点になるべき市民会館の建て替え問題さえも、多くの候補者は公約の中にも入れていない。

文化政策は政争の具になりやすいが、一方、喉元を過ぎると忘れられがちだ。前市長が敗れたとはいえ、出口調査でも三三%が「演劇のまちづくり」を評価していた以上、あからさまな反対もできない。旧一市五町の地区ごとに地域の票を集めて、千数百票で当選する市議会議員選挙では、あからさまな敵を作らないことが重要なのだろう。

ただ今回の市議選の結果は、市政運営に直接影響が出るので注目度は高い。定員二四名のうち九人が引退し新人一〇名が立候補した。選挙後、市議会の勢力図がどう変わるのか私にもよく分からない。

いや、もしかすると、何も変わらないのかもしれない。

市長選挙から半年が過ぎ「何か変わりましたか?」とよく聞かれるが、実際、何も大きな変化はない。今年は残念ながら中止となったが、豊岡演劇祭は来年も続く予定だ。演劇的手法を使ったコミュニケーション教育も継続される。芸術文化観光専門職大学は県立大学なので、そもそも影響は少ない。

あの選挙は何だったのかと思う。

いや、「何も変わらなくなってしまった」というのが一つの答えなのかもしれない。ここ数年、急速に進んだ改革が、ここで止まり、市政のことが新聞紙上を賑わすことも少なくなった。もちろん人口減少はとどまるところを知らず、町はゆっくりと衰退していくのだが。市長選のさなか、公開討論会の席上で司会者から「豊岡をどのような町にしたいですか？」と聞かれた中貝前市長は「小さな世界都市を推進していく」と答えた。関貫現市長は「普通の町がいい」と答えた。まさに公約通り、豊岡は普通の町になりつつあるのかもしれない。

とりあえず、市長選挙の振り返りを、もう少し続けたいと思う。さらに、より理念的な部分について。

六年前、津田大介さんが主宰するWEBサイト「ポリタス」の戦後七〇年記念特集に、私は「三つの寂しさと向き合う」という小論を寄稿した。そこで掲げた三つの寂しさとは、

「日本は、もはや工業立国ではないということ」
「もはや、この国は、成長はせず、長い後退戦を戦っていかなければならないのだということ」
「日本という国は、もはやアジア唯一の先進国ではないということ」

の三点だった。あるいは同じ文章の中で私は、以下のような事柄も書いた。

「二〇年、三〇年かけて、国を開く寂しさを受け止め、それを乗り越え、少しずつ異文化を受け入れられる国を創っていくことは、決して非現実的な話ではないでしょう。それを、いまからすぐに始めるのならば。しかし、きっと何より難しいのは、三つ目の寂しさに耐えることです。（中略）この寂しさに耐えられずヘイトスピーチを繰り返す人々や、ネトウヨと呼ばれる極端に心の弱い方たちをも、

どうやって包摂していくのか、これもまた時間のかかる問題です」

翌二〇一六年、当初は泡沫候補とみられていたドナルド・トランプが、アメリカ合衆国の大統領選挙を勝ち上がる。トランプ氏に投票したのは、例えばラストベルトと呼ばれる五大湖周辺の工業地帯の人々だった。工場労働者が多く、もともとは民主党の地盤であったミシガン州・ウィスコンシン州・ペンシルベニア州などがトランプ支持に傾き、これが新しい大統領を生む原動力となった。

かつては米国南部の白人貧困層を差別的に呼んだ「プアホワイト」が、北部の工業地帯にも広がり、この人々の「取り残された感覚」まさに「寂しさ」がトランプを大統領に押し上げた。

私はトランプ現象を学生たちに説明するときに、「橋を作ったのはこの俺だ」というフォークソングを紹介する。著作権の関係で歌詞のすべては載せられないので、ぜひ検索してみてほしい。この歌は六〇年代後半によく歌われた労働歌で、日本では高石ともやさんが自ら翻訳して歌い、人口に膾炙するところとなった。私は直接その世代ではないが、八歳年上の姉が高石さんのLP（懐かしい！）を持っていたので、子どもの頃からよくこの歌を聴いていた。

歌詞は単純だ。

昔、暗い森を切開いて、畑を耕し家を建て、この国を作ったのは俺たちだ。「橋を作ったのはこの俺だ」「道路を作ったのもこの俺だ」と歌詞は続く。サビの部分では、「強いこの腕とこの身体で、この祖国を作ったのは俺たちだ」と繰り返される。

もちろん、いま聞けば、先住民の問題はどうなるのか、マッチョに過ぎるのではないかと突っ込みどころは満載なのだが、まさにその一つ一つのポリティカル・コレクトネス自体もまた、取り残された人々の寂しさや苛立ちを誘発するのだろう。

『世界』の読者の皆さんの中には、六〇年代から七〇年代にかけて、仲間と肩を組み、この曲を歌った方たちも多いだろう。そして、そのような方たちには怒られるかもしれないが、皮肉なことに（いや事態はそれ以上に深刻なのだが）、今この歌を聴くとトランプ支持者が集会で叫ぶ歌のようにしか聞こえない。

二番、三番の歌詞には、以下のような内容もある。「俺の先祖や子孫には偉い奴など一人もいない」「偉い社長さんや代議士さんが命令したから、この国ができたわけではない」（原文の歌詞は少し異なる）。いま聴くと、これが反知性主義を煽っているように聞こえてしまうのは、私の性根がひねくれているからだろうか？

四月の市長選について、かつて私は「トランプ型選挙に巻き込まれた」と書いた。それは単にフェイクニュースを流され私自身が攻撃を受けたことを指すのではない。問題の本質は、この「寂しさ」にどう向き合うかにあるのだと思う。現市長に投票した方々の多くは、「この町を作ったのは俺たちだ」と思った。偉い市長さんや芸術家や学者たちに、この町をめちゃくちゃにしてもらいたくないと考えた。いや、本当に考えたかどうかは別として、選挙戦略では、そのような訴えが繰り返しなされた。ここに先の市長選の本質があった。

市長選について〈4〉……二〇二二年一一月

今年はカメムシが多いので、雪も多く降るだろうと噂されている。この説は広く全国に分布しているが、決定的な科学的因果関係はまだ見つかっていないようだ。

一一月には、芸術文化観光専門職大学の学生たちと初めて芝居を創った。学長の私自ら作・演出を担当した『忠臣蔵・キャンパス編』は、当初八〇〇枚のチケットを売り出したところ一週間で完売。コロナの影響で客席を六割ほどに抑えていたので増席をして追加販売を行い、一四〇〇人程度に観ていただいた。観客の八割以上は地元の方だ。推計だが、豊岡市の人口の約二%が、この演劇を観たことになる。いかに地域の関心が高い大学か、うかがい知ることができるだろう。

ポーランドの古都クラクフに、古くからの国立演劇学校がある。この学校の卒業公演は（いまも続いているかどうかは知らないが）、もう何十年と『ハムレット』なのだと聞いた。そして、その卒業公演は、町の演劇好きが必ず観に来る。だからクラクフの人々は『ハムレット』にだけはやたらと詳しい。そして、「ほら、俺がいいと褒めたオフィーリアが、いまワルシャワで活躍してるじゃないか」と誇りを持つ。

我が校も、できればこの但馬の地で、そのような伝統を育みたいと願っている。

入試も始まった。推薦入試は三・七倍。昨年より数字は少し落ちたが、相変わらずの高倍率を維持している。

先月、私は「橋を作ったのはこの俺だ」というかつてのプロテストソングを引いて、取り残された人々の寂しさについて書いた。その原稿を書いたのは先の総選挙の直前だったが、選挙の結果もまた「寂しさ」を巡る闘いとなった。選挙戦の過程で連合は、立憲民主党と共産党の協調に強い違和感を表明した。そのことに、おそらく多くの無党派リベラル層は失望したことだろう。もちろん逆に、立憲民主党と共産党の選挙協力に失望したという中道保守の方たちも一定数いたことだろう。

日本の政治の現状では、共産党との連携は常にトレードオフだから、そうなることは仕方がない。実際の選挙結果も、この連携が成功したのか失敗したのか、よく分からないものとなってしまったし、まだその総括もされていない。

選挙も政治も数の論理の世界だから、立憲が共産と組むのもかまわないし、国民が維新にすり寄ることも、ある種の判断なのだろう。しかし冷静に俯瞰してみれば、まず立憲と国民が何らかの形で和解し、何らかの形でより連携を深めることが肝要で、それを多くのリベラル無党派も願っているのだと思う。だがそうならないのは、（遺恨もあるだろうが）それだけ我が国で起こっている分断が複雑だということを示している。

よく言われるように、現状の労働界の分断は正規と非正規の対立だけではなく、それに加えて雇用先が大企業か中小零細か、製造業か非製造業か、都市か地方かといったいくつもの対立軸が生まれ様相を複雑にしている。

経済が拡大している局面ならば、多少の不満も未来への希望に収斂されるだろう。しかし限られた(あるいは減少する)パイを取り合うとき、近親憎悪は回復不可能な怨嗟を生む。特定の人々が、不正な利益を得ているのではないかとお互いが考え、攻撃が過激さを増す。あるいはフェイクニュースが流される。


私の毎朝の通勤途上に兵庫県立但馬技術大学校がある。自動車工学科、建築工学科、機械工学科は二年、観光なども学ぶ総合ビジネス学科は一年で必要な資格を取得する職業訓練機関だ。学費は安く、三食付きの寮も完備されている。実は当初はこの技術大学校を専門職大学に改組する案もあった。しかし、この学校は、独自の需要や役割を持っており、四年制大学にしてしまうことで、その役割を果たせなくなることが懸念され、現在の芸術文化観光専門職大学の構想が別に浮かび上がった。

寮からの通学時間が重なるようで、朝早く登校する学生たちを横目で見ながら私は車を走らせる。そして学生たちの後ろ姿を見るたびに、彼らが「どうして芸術文化観光専門職大学の学生ばかりがもてはやされるのか」と思っているのではないかと気が気でない。

豊岡に専門職大学が開学するまでは、この大学校は、保育士養成のための他の私立の短大と並んで、但馬での数少ない高等教育機関だった。実際に、地域には自動車整備士や溶接工などが一定数必要で、その需要を満たすためにこの大学校が果たす役割は大きい。

だが四月の芸術文化観光専門職大学の開学以来、新聞の地方版を賑わすのは、我が校の話題ばかりだ。各種協定の調印式が連日のように報道され、『忠臣蔵・キャンパス編』の記事が続き、先日は新しくできたサークル活動の紹介さえ大きく紙面を飾った。大学の数値目標であった年間一〇〇件の媒体露出は、たった三カ月ほどで達成された。

だが、このような華やかな記事を見るたびに、他校の在学生や保護者、そしてＯＢたちは寂しい思いをしないだろうか。余計な心配なことは分かっているし、私自身は、大学の宣伝に、さらに奔走しなければならない。いまのご時世、現状の高倍率を維持するのは並大抵のことではない。

演劇の最大の欠点は、外から見て楽しく見えることだ。華やかに感じられることだ。『忠臣蔵・キャンパス編』の創作の過程でさえ、稽古や舞台スタッフの仕事に熱中する学生たちに対して、一部の教員から「学業を疎かにしているのではないか」と疑念の声が上がった。学生が語学の習得のために徹夜をしたとしても、あるいは成果を出すために深夜まで実験を繰り返したとしても、体調を心配する言葉はかけるだろうが、「学業を疎かにしている」とは言われないだろう。しかし演劇は楽しそうに見える。いや実際に稽古は楽しいのだが、それならば熱意ある理系の学生にとって実験もまた楽しいものだろう。

四月、神戸新聞は市長選の特集記事を組み、一回目に「演劇のまち」という記事を載せた。演劇によるまちづくりは、まだ市民に浸透していないとして、最後に島根大学の作野広和教授の以下のようなコメントを掲載した。「一部にきらりと光るものをつくることは大事だが、それだけでは地域を維持できない。片や汗を流して文句も言わずに草を刈ったり、田んぼを耕したりしている人たちがいるのだから」。

教授が本当にこのようなことをおっしゃったのか、発言の切り取り方に問題がなかったかは分からない。しかしこのコメントは、一見当たり前に見えて、実は分断を助長するきわめて質の悪いものに見える。

では私たち演劇人は汗を流していないのか。文句を言わないことが大事で、発信に注力する側が間違っているのか。

豊岡市長選〈5〉……二〇二一年一二月

「年内には一度降って、それが溶けて、一月から本格的な冬が来る」と毎年のように聞かされ、やはり今年も同じようになった。一二月一七日は朝から雷混じりのみぞれと強風で、夕刻からはそれが本降りになった。町中でも一晩で五センチほどの雪が積もった。屋根から雪の落ちる音で明け方には目が覚める。予報では一週間後にまた雪が降るようで、ホワイトクリスマスになるかもしれない。息子はサンタさんが我が家を見つけられるかどうか、少し心配している。

久しぶりに福島を訪れた。県内の大きな期待と、見せかけの復興のシンボルにされるのではないかという疑心暗鬼の中で双葉郡広野町に開学した県立ふたば未来学園も、スタートから七年目を迎えた。

関西に居を移したことは自分の仕事上のことだから仕方ないのだが、一つだけ後悔があるとすれば東北から距離が遠くなってしまった点だ。震災後、多い年はほぼ毎月福島に通っていたのだが、いまはそれも難しい。今回も、大学の仕事が終わってから午後六時に但馬空港を出る便で東京に入り、さらに翌日早朝に列車で福島へと向かった。一日中、高校生たちの演劇発表を見て、今度は五時台の列車で(常磐線が全通となり一部の特急が広野駅に停車するようになった)東京に戻る。翌朝の飛行機でまた但馬に帰って、その足で大学に出勤した。要するに二泊三日の行程だ。

ふたば未来学園では、高校一年生が全員、インタビューを元に地域課題を演劇にする授業を行っている。班ごとに寸劇を創り、クラス代表、学年代表を選んで、さらにそれを英語劇にして国連で福島のいまを伝えるような試みもしてきた。当初は私が直接授業を受け持っていたが、いまは私の後輩たちがその指導に当たっている。もちろん「復興バンザイ」「福島は頑張っている」といった作品を創るわけではない。福島が抱える苦悩、矛盾を率直にあらわす作品が並ぶ。

開学してからの一、二年は震災の記憶が生々しく、それを演劇にすること、フィクションとして表現することに抵抗を示す生徒もいた。それでも福島を見つめ、それを伝えることの意味をともに考える日々だった。

ここ数年の課題は、震災の体験や記憶がまだら状になってきたことだ。避難生活がまだまだ深い心の傷となって残っている生徒もいれば、あまり記憶にない、あるいは実際に避難期間が短かった生徒もいる。さらに各地にバラバラになっていたトップアスリート系列が三年前の新校舎の完成とともに集約され、福島とは縁もゆかりもない生徒たちが一定数入学するようになった。

ふたば未来学園は双葉郡にあった五つの高校(そのほとんどが風向きの関係で放射線量の高い地域にあり休校を余儀なくされた)を統合する形でできた新設校だ。そのかつての五校の中には、バドミントンの桃田賢斗選手の母校富岡高校もあり、いまも伝統を受け継ぐ形で全国から日本代表クラスの生徒たちが集まっている。

そして、いよいよ震災の記憶がほとんどない世代が入学してきた。大人の一〇年と、一五歳にとっての一〇年は大きく異なる。震災の記憶のない(あるいは薄い)高校生たちにとって、原発事故とその後の廃炉処理は文字通りの不条理であり、しかし彼らは否が応でも、そこと向き合っていかなければならない。指導する教員は、また新たな苦労を抱える。

さらに、政府の目論見通りなら、今年入学してきた新入生が三年になったときに、ＡＬＰＳ処理水の海洋放出が始まる。福島は再度、苦渋の選択を迫られている。

今年の演劇発表でも、この処理水放出問題を扱った班がいくつかあった。例えばある班は東電の実在の広報担当の方の話を軸に展開する。その女性は震災の時に高校三年生で東電への就職が決まっていた。「被災者が加害者になる」(本人の言葉)と迷った末に、やはりそのまま就職をして現在は福島復興本社に勤務し、海洋放出について地元理解を求めるための仕事を進めている。

もちろん高校生たちは、処理水の海洋放出問題について、賛成、反対双方の主張を取材して劇を創る。その矛盾、その不条理を、どこまで解像度を上げて演劇にできるかが問われる。

思いのほか、福島についての記述が長くなってしまった。豊岡市長選の顛末の続きを書こう。

先に記したとおり、市長選挙の最中、候補者の公開討論会において、司会者からの「豊岡をどのような町にしたいですか？」という問いかけに、関貫現市長は「普通の町」と答えた。この言葉は豊岡財界の若手経営者たちをもっとも落胆させた。しかし一方で、もしかするとこの言葉は多くの人の共感を生んだのかもしれない。「演劇の町」なんてなくていい。いや「コウノトリの町」でさえなくてもいい。日々の生活を守ってほしい。その願いはまっとうで切実なものだろう。

だがいまの日本で「普通の町」を目指すことは、そのまま衰退を意味してしまう。

この点は、実はきわめて本質的な問題だ。

安倍政権が提唱した地方創生政策の根幹は地域間の競争だった。地方自治体に人口減少対策のアイデアを出させ、それを競わせることで補助金の配分を決める。全国一律の救済ではなく、努力した自治体だけが生き残る、まさに「自助」を中心としたシステムだ。

豊岡市はその地方創生政策の優等生として、コウノトリの再生に象徴される環境政策、演劇を中心とした文化政策、城崎温泉を中心とした観光政策、さらにジェンダーギャップの解消などを旗印に多くの予算を獲得してきた。

当然、この地方創生政策自体に批判はあるだろう。地方自治体を競わせたところで結局はゼロサムゲームあるいは若者世代の取り合いになるだけで、国家全体としては人口減少対策にならないのではないかという説もある。あるいは「誰もが豊岡になれるわけではない」という消極的だが現実的な見方も根強い。

だが少なくとも、各自治体が少子化対策や新しいまちづくりのアイデアを出し合うこと自体は間違ってはいないだろう。またそこに、それなりの補助金を付けることも国家の政策として大きな誤りとは言えないのではないか。人間はそれほどに賢くはなく、平等、一律の「補助」は怠惰を招くのも事実だろうから。

これまで見てきたように、四月の豊岡市長選挙の結果は、はからずも日本の地方自治政策が抱える矛盾や混沌を浮き彫りにするものとなった。本気で地方創生に取り組み、それが成功の兆しを見せ、若い世代やアーティストたちの移住が始まった途端に地域が拒否反応を見せた。しかしその拒否反応は全体ではない。約一六〇〇票差という微妙な数字だけが残った。

第6章

挑戦は続く――明けない夜はない

大谿川沿いの桜並木

たじま児童劇団結成……二〇二二年一月

本当によく雪が降った。

一二月二五日から降り始めた雪は二六日に本降りとなり、豊岡市内でも五〇センチ近く積もって四〇年ぶりの大雪となった。但馬地方は朝来、養父両市の南但と、豊岡市、香美町、新温泉町の北但に分かれるのだが、今回は南但の方が豪雪となり、天空の城竹田城で有名な朝来市は観測史上最多の七〇センチ台の降雪を記録した。

ＪＲがすべて止まってしまったので二五、二六日に予定していた「たじま児童劇団」の旗揚げ公演に向けての稽古は中止となった。いまは除雪も進んでいるので大人はさしたる苦労はないのだが、公共交通機関に頼る子どもたちは完全に足を奪われる形となる。稽古が中止となって時間ができたので、息子と一緒に近くの河原で存分にそり遊びを楽しんだ。

二七日からは稽古を再開。夜遅い時間まで稽古が続いた。年末年始は妻の実家のある埼玉を訪れる予定だったのだが、子どもが熱を出して中止となり、大晦日、元旦は家族三人で過ごした。この両日もまた雪が降り続く。

一日、私だけは夕方の飛行機で東京に出て、二日から劇団のアトリエで稽古。四日の早朝には飛行機で但馬に帰って、さらに児童劇団の稽古が続いた。

「たじま児童劇団」はもともと江原河畔劇場建設のためのクラウドファンディングで、三〇〇〇万円集まったら創設すると公約していたものだ。ただ二〇年度はコロナの影響で開設ができず、ワークショップを数回行うのみとなり、いよいよ二一年、第四波と第五波の間隙をついて月に二回程度の講座を開始した。

小学生の部（四年生以上）一四名と、中高生の部一五名が但馬全域から集まった。私は中高生部門の担当で、最初は年度末の発表会に何をやるかも決まっていなかったのだが、せっかくやる気のある子どもたちが集まってくれたので、新作書き下ろしで挑もうということになった。

参加者が一五人なので、演目は安直に『十五少年・少女漂流記』とした。ジュール・ベルヌの名作『十五少年漂流記』をモチーフとしたこの戯曲は、豊岡の観光スポットである玄武洞を舞台にしている。

玄武洞は一昨年『ブラタモリ』でも紹介されたのでご記憶の方も多いだろう。玄武岩の柱状節理による断崖だ。洞となっているが天然の洞窟ではなく、玄武岩を切り出した跡が洞窟のように広がっている。ちょっと見たことのないスケールの柱状節理がねじ曲がって地から天へと伸びており、しばらく眺めていると平衡感覚が狂ってくる。

ちなみに玄武岩の洞窟だから玄武洞なのではなく、そもそも玄武岩という岩の名前が、この玄武洞からとられている。昨年の豊岡演劇祭では、この奇景の前で、梅津和時さんのサックスに乗せて岩下徹さんが踊るという豪華な企画があったのだが、残念ながら中止となってしまった。

昭和初期、ここの玄武岩の持つ磁気が、現在の地磁気と反対の向きを指していることが発見された。この地磁気の逆転にヒントを得て、私の『十五少年・少女漂流記』では、玄武洞の穴から別の世界へと抜け出せるというストーリーを考えた。ベルヌの『十五少年漂流記』はもちろん重要な要素だが、骨格は、どちらかというと楳図かずお先生の『漂流教室』に近いものとなった。

異次元空間に但馬の子どもたちが迷い込む。やがてそこに、ひきこもりなど現状の世界に不満を持つ子どもが次々にやってくる。最後には、元の世界に戻れる回路を発見し、迷った末に少年・少女は、もう一度人生を選び直す。不条理な「生」を受けた人間が、思春期に、もう一度、生を選び取る様をストレートに描く作品となった。私にしては分かりやすい構成なので、地元の方たちからも大変好評だった。三ステージを予定していたがすぐにチケットは売り切れ、追加公演も含めて四〇〇人の方に観ていただいた。以下は、当日パンフレットに私が書

豊岡市の名所，玄武洞．柱状節理が美しく折り重なる

いた文章。

本日は、ご来場いただきありがとうございます。いよいよ「たじま児童劇団」の旗揚げ公演が始まります。出演者全員が中高校生ですので、稽古は年末年始を挟んだ冬休みのみと決めていました。そこに年末の大雪が重なり、ただでさえ少ない稽古時間が丸二日分潰れてしまいました。俳優たちは、とても大変だったと思います。また、ここまで子どもたちの送迎など、様々な形でサポートをしていただいた保護者の皆様にも感謝申し上げます。

私たちは児童劇団創設以前から「ライバルはウィーン少年合唱団！」と豪語してきました。この児童劇団が但馬の誇りとなり、国内外から観客を集め、この劇団に子どもを入れたいために移住者が増えるところまでが私たちの目標です。

「子どもを観光や町おこしの道具に使うのか」といったしたり顔の批判が聞こえてきそうですが、今日出演する俳優たちは、そんな低俗な批判の声を吹き飛ばすような演技をしてくれることでしょう。

私たちは本気です。子どもたちも本気です。

どうか歴史的な第一歩にお付き合いいただければ幸いです。

九日、一〇日の本番は晴天に恵まれた。会場は各回満席。多くの観客が、中高生の演技に涙を流した。四ステージを全部観たという保護者の方も多かった。

週の半ばにはまた雪が降った。次の週末が芸術文化観光専門職大学で初めて実施される共通テストだったので関係者は気をもんだが、試験当日は交通の乱れもなくスムーズに試験は進んだ。

さらに翌週末は隣の養父市で『銀河鉄道の夜』の上演。これは昨年、豊岡演劇祭の一環として上演を企画していたものが延期となり、やっと公演にこぎ着けたのだった。並行して二月に上演する『S高原から』の稽古も開始。相変わらずあわただしくも順調な日々であった。

しかし、そんな但馬にもオミクロンはやってくる。いや、これまでは但馬地域はきわめて少ない感染者で推移していたのだが、この第六波になって急激に感染者が増え始めた。

養父市での上演はできたものの、その数日後、反対隣の香美町での『銀河鉄道の夜』は中止が決まった。上演予定の公民館のすぐ近くの小中学校が相次いで学校閉鎖となり、さすがにそのそばで子ども向けの演劇を上演できる状況ではなかった。

私自身、大学の授業も落ち着き、一月、二月は全国の小中学校に授業をしに行く予定になっていたが、これも相次いでキャンセルになった。再々度、スケジュール表が空白となっていく。東京からはもっと悲惨な声が聞こえてくる。多くの舞台が出演者にも感染者が出て中止となった。いったい、こんなことがいつまで続くのだろう。

明けない夜はない　……二〇二二年二月

但馬は雪が降り続いている。

劇団の方は毎日稽古を続け、二月一九日、無事に『S高原から』の幕が上がった。東京では四月に本作の上演を予定している。

オミクロン株はある意味、演劇界にとってはこれまで以上の脅威となっている。「重症化が少ない」ことから、世間では、特に若者たちは行動の制限を緩めているようだ。そのために感染拡大が止まらない。いくら重症化しないと言っても、舞台の場合、出演者の中に一人でも感染者が出れば公演は中止せざるをえない。稽古のどこかの時点からマスクを外さなければならない私たちの業界は、もっとも厳しい試練にさらされている。実際、第五波までに比べても、感染者が出たという理由での上演中止が増えてきた。しかも、これは自己責任と見なされて、いまのところ政府の支援の対象とはなっていない。

今後の上演計画も立てにくくなってしまった。「明けない夜はない」と信じて、ここまでみんな歯を食いしばってきたが、この夜は明けないのではないかという絶望感さえ漂っている。

先日、自宅に『世界』の二月号が送られてきて、「そうだった。本当は先月は池明観先生のことを書くはずだった」と思いだした。この日記の連載が決まったときも、まず最初に思い出したのは池先生のことだった。私にとって雑誌『世界』といえば何より池先生がT・K生という筆名で書かれた『韓国からの通信』であり、その雑誌に連載ができることは無上の喜びであった。

すでに様々なところで書いてきたが、八三年から八四年、韓国に留学する直前に、私は池明観先生の授業を受講している。池先生は当時、東京女子大学の教授だったと思うが、私の母校国際基督教大学でも韓国史の授業を開講していた。

先生の授業はエネルギッシュで、特に韓国留学を控えた私は個人的にも親切にしていただいた。私のゼミの教官だった武田清子先生とも親しく、何度か言葉を交わされていたのを見かけたことがある。武田先生は、池先生が「T・K生」であることをご存じだったのだろうか。亡くなる前に伺っておけばよかった。

私は韓国の留学先で日本語を教えるボランティアをしていた。学生たちの習得は早く、半年で日常会話はこなせるようになった。あるとき三人の学生(といっても少しだけ年下の友人たちだが)から喫茶店に呼び出された。皆、真剣な顔で、後期の授業では『韓国からの通信』を輪読したいのだがと言う。

当時、軍事独裁政権下の韓国では、当然この本は禁書の筆頭であった。

私は外国人用の寮に住んでおり、同じ寮に暮らす在日韓国人の先輩方からは、くれぐれも政治的な活動は慎んでくれと注意されていた。私に何かあると、日本人を逮捕すると政治問題化してしまうので、先に在日の方たちが半ば見せしめのような形で逮捕される、そんな時代だった。

それでも若い友人たちの熱意に負けて、冬の一時帰国の際に『韓国からの通信』を、他の書籍と混ぜて韓国に持ち帰った。密輸をしたのは生涯これ一度きりで、税関の審査（必ず荷物の検査があった）のときは冷や汗をかいた。

持ち込んだ一冊の岩波新書は、複写屋と呼ばれる業者に回され、緑色の無地の表紙に装丁されて戻ってきた。非合法の書籍だけを複写する専門の業者があって、そこに頼むのだそうだ。こういった業者は、たいてい学生運動で何度か逮捕されて退学となった学生などが経営をしていた。

週に一、二度、私たちは『韓国からの通信』を読み進めていった。彼らがもっとも知りたがったのは、光州事件についての事実関係だった。当時の韓国の学生たちは、『Time』や『Newsweek』を通じて若干の知識は得ていたし、様々な噂は流布されていたが、本当に何があったのかは誰も確信が持てなかった。インターネットもない時代だから、私たち日本人が何度も見た、軍隊が光州に向かっていくあの映像なども見た人は限られていた。多くの知識人は『韓国からの通信』を通じて情報を逆輸入していた。

私の通う延世大学は学生運動の拠点の一つで、正門前では連日のようにデモ隊と警官隊の衝突があった。激しいデモの際には催涙弾が撃たれ、翌日には皆涙を流しながら授業を受ける。私の住む学生寮は大学の裏側にあって、教室へは山沿いの裏道を歩いて通う。その道は、デモ隊の避難経路にもなっていて、さらにそういった運動家たちをチェックするために私服の警官も張り込んでいた。

ある日、輪読の帰りに警官に捕まった。それ自体は特別なことではなく、形式的にカバンの中をチエックされるだけだ。ただ、このときカバンの中には『韓国からの通信』が入っていた。その場では何の本だか分からないだろうが没収などされてはたまらない。私はわざと下手な韓国語を喋って日本人の留学生であること（在日韓国人だと、スパイなどあらぬ嫌疑をかけられやすい）を強調し、なんとか放免してもらった。

余談だが、別の日、韓国の友人の家で私が日韓の現代史の本を読んでいたときに、それをのぞき込んだ一人の学生が「え、これ、もしかして平壌？」と声を上げた。周りにいた友人たちも集まってきて口々に「やっぱり本当にビルが建ってるんだ」「初めて見た」とつぶやく。ご存じのように延世大学はソウル大、高麗大とならぶ韓国のエリート校だが、それでも学生たちの持っている情報はこのレベルだった。当時、韓国はすでにオリンピック開催を決め、先進国への道をまっしぐらに歩んでいたが、民主化の直前で、知性と情報の格差は最大限に広がっていた。もしかするとその格差は、いまの中国のエリート以上だったかもしれない。

池先生とは、ワールドカップの前後だったかと思うが、一度、ＮＨＫのラジオ番組で対談をさせていただいた。いま思えば、お元気なうちに直接お目にかかっておけばよかったなと思う。

思い出話が長くなった。

明けない夜はない。

私の留学から二年、韓国の軍事独裁政権は音を立てて崩れていった。

いま、私が学長を務める芸術文化観光専門職大学では、韓国の大学との提携を次々に進めている。

学生の中にも韓国への留学を希望する者は多い。韓国語と韓国文化を習得する学生サークルは、もっとも活発な部活動の一つとなっている。

政治的には、まだまだ二国間は厳しい関係が続くだろうが、この文化交流の流れは、もはや止めることはできない。雪の夜、池先生の名著『韓国文化史』の頁をめくりながら、あらためて思う。

但馬の春　……二〇二二年三月

長かった連載も今回で一区切りとなる。

編集部からは、あと一、二回まとめを書くように言われていて、しかし、この三年をどうまとめたものかと思案している。

今年、但馬の春の訪れは意外と早かった。冬の大雪、そこから来る多量の雪解け水と夏の日照時間の長さ、そして高温多湿が、この地に豊かな実りをもたらす。私のような味音痴でも、ここでは食材から季節の移り変わりを感じられる。

庭には、一昨年植えたもくれんの木が白いつぼみをつけた。

四歳と四カ月になる息子のとほは、雪が降るたびに半日はそり遊びを楽しんだ。家ではウルトラマンとプリキュアに夢中である。私の部屋に勝手に入ってきて怪獣ごっこ(彼は「たたかい」と呼んでいる)をねだる。家で仕事をする作家の常で、いつも遊んでやれるわけではない。ある日、「お父さん、たたかいしよう」というので、「お父さんもとほ君と遊びたいのだけど、今日は部屋に妖怪「しめきり」っていうのが来ているのだ」と話した。

「え、それって、どういう妖怪?」

「部屋の壁からマス目がにじみ出てきて、お父さんを包んじゃうんだ」

私が劇作家としての能力を振り絞って「しめきり」についての描写をしたので、息子はこの妖怪をいたく怖がり、それ以来健気にもしめきりの出る日には、私の部屋に近づかなくなった。

三月の市議会が終わって、豊岡演劇祭は今年の開催が正式に決まった。昨年はコロナで中止となってしまったが、今年は小規模だが海外からの招請も含めて前を向いて進んでいきたい。観光協会はもとより、商工会も積極的で、但馬の物産のアピールの場としても使っていただけるものに発展していくだろう。

演劇的手法を使ったコミュニケーション教育は、現行の小学校六年生と中学一年生に続いて、小学校一年生での全校実施が決まった。再来年度以降、さらに学年を拡大していく予定だ。

おそらく、この日記を読んでくださっている方々は、昨年四月の市長選挙の大山鳴動は何だったのかと思われるかもしれない。いや、一番そう感じているのは豊岡市民だろう。

芸術文化観光専門職大学は開学二年目を迎える。一期生は平均七・八倍という異例の高倍率となった。さすがに今年は受験者数は減ったが、それでも全国から優秀な学生が集まってくれた。

一期生と話すと、初めての後輩が入ってくることに戸惑いもあるようだ。教員を独占できなくなるのがいやだという甘えん坊もいれば、サークル勧誘に虎視眈々と作戦を練っている者たちもいる。

昨年は地元但馬からの入学者は一人だけだったが、二期生は三名が入学手続きを終えた。推薦入試、総合型選抜(旧ＡＯ入試)で合格した二人は、入学前に早々と新聞の地方欄でトップ記事となった。鳥取県境の新温泉町から来る学生は、高校一年の時から私のワークショップを受講している。地元、豊岡高校からの学生は、中学から様々なワークショップに参加して、将来は舞台監督を希望している。

入学式後の学生による歓迎イベントの様子

幼少期から芸術に触れ、そしてそのまま地元で夢の実現に向かっていける。但馬はそんな希有な地域となった。日本の教育は、長く中央へ中央へと上り列車に乗ることだけを目指してきた。しかし但馬でなら、限られた専攻とは言え、この地にいながら世界最高水準の教育を受けることができる。
この春、一期生は寮を出て町に散らばる。学長としては心配な面もあるが、地域にとっては、きっといい刺激となっていくだろう。連載の最後に、芸術文化観光専門職大学二期生入学式の学長式辞の草稿を昨年に引き続き掲載しておく。

芸術文化観光専門職大学二期生の皆さん、ご入学おめでとうございます。（中略）

新入生の皆さんとご家族は、今日、喜びの日、人生の節目の日を迎えたわけですが、今日のこの日を一番待ち望んでいたのは、もしかすると一期生たちかもしれません。一期生、新二回生は、この一週間を新入生歓迎週間として様々な行事を準備してきました。正門入り口の、少し恥ずかしい私の等身大パネルも学生たちが作りました。新入学生の皆さんは、本学で初めての「後輩」という立場になります。こうして少しずつ、この芸術文化観光専門職大学の気風、大学の文化というものを醸成していっていただければと願います。

さて、皆さんは、昨日、一昨日の両日で学生寮への入寮を済まされました。少し風は冷たかったかと思いますが、天気にも恵まれ、いい入寮式になったかと思います。

本学の一つの特徴は東北、北海道からの入学生が多いということです。そういった北国から来た新入生には、「但馬は意外と暖かいな」と思われた方も多いのではないでしょうか。逆に九州や四国から来た新入生の中には、入試の際にうずたかく積もった雪の山を見て驚かれた人もいたことでしょう。

今年、ここ但馬地方は、四〇年ぶりと言われる大雪に見舞われました。しかし、但馬は、春の訪れも意外と早いのです。

日本海には対馬海流と呼ばれる暖流が流れています。冬になると、この上空にシベリア寒気団が張り出してきて西高東低の気圧配置となり強い偏西風が吹きます。この風が、暖かい対馬海流の水蒸気を吸い上げて南東に向かい、やがて日本列島の背骨にあたって大雪をもたらします。

しかし、いったんこのシベリア寒気団がなくなると、暖流の影響で温度は意外と高くなるのです。但馬は雨が多いと地元の方は言いますが、それは山が近くて気候が安定せず、にわか雨が多いだけで、冬期以外の日照時間は、これも意外なほどに長いのです。

冬の大雪と、そこから来る多量の雪解け水、そして夏の日照時間の長さ、高温多湿、これらが但馬の地に豊かな自然の実りをもたらします。どうか、大学の四年間、但馬の多様な風土、彩り豊かな暮らしを楽しんでください。

さて、皆さんは今日、こうして喜びと希望の中にいますが、一方、世界は混沌とし、混迷をましています。新型コロナウイルスは、未だ収束の兆しを見せず、その未来を予測することは不可能な状況です。

日本列島においては、地震、天災も続いています。

そして、戦争が起こりました。

去る二月二四日、ロシア軍がウクライナの領土に侵攻を始めました。戦闘は長期化し、いまも続いています。

三月二五日には、マリウポリの劇場も空爆を受けました。多くの観光客を集めてきた黒海沿岸の保養地や、中心市街地が世界遺産にも登録されている西部の都市リヴィウも空爆の危機にさらされています。

観光とアートを学ぶ芸術文化観光専門職大学の学長として、一刻も早い平和の到来を願わずにはいられません。

それは単に「観光もアートも平和あってこそのものだ」という点にとどまりません。

皆さんはこれから観光学の様々な講義や実習の中で、どうすれば多くの観光客を日本に呼び込み、たくさんのお金を使ってもらい、どうすれば経済活動を盛んにしていけるかを学ぶことになるでしょう。

しかし観光は、ただ経済のためだけのものではありません。海外からたくさんの方々に日本に来ていただき、日本の多様な文化を知っていただき、そして「日本というのは素晴らしい国だなあ、こんな国とは戦争をしてはいけないなあ」と世界中の方々に思ってもらわなければなりません。

芸術文化も同様です。日本の芸術を海外に紹介するのは、日本人が何に悩み、何に苦しみ、何に喜んできたのかを世界の人々に伝えることに他なりません。

もちろん逆のことも言えるでしょう。皆さんはこれから、旅行や実習、そして演劇作品の共同制作などを通じて海外に出かけていくことになります。そこでは多様な文化を吸収し、様々な民族の歴史や価値観に触れることになるでしょう。そして世界中に多くの友を持つことになるでしょう。

軍事力や経済力といった目に見える力以外に、国家が行使し得る外交力のことを「ソフトパワー」と言います。観光と芸術は、日本が有する最大のソフトパワー、安全保障の一環です。

皆さんのこれからの学びの一つ一つが、皆さんの活動の一歩一歩が、世界平和に貢献するのだということを強く意識し、高い自負を持って勉学に励んでください。

私たちは、ロシア軍の蛮行を、いかなる意味でも許容しません。しかし一方でロシアは、偉大な劇作家アントン・パブロビッチ・チェーホフを生んだ国です。あるいはツルゲーネフやドストエフスキーを生んだ国です。ボリショイバレエを育て、チャイコフスキーを生んだ国です。その偉大な芸術の国と、私たちは和解できないはずがない。対話をあきらめていいはずがない。

どうか世界の芸術家たちと連帯するすべを学んでください。

このウクライナにおける戦闘行為は、皆さんにとって、初めて経験する大規模な戦争ということになるでしょう。私にとってのそれは、一九九一年の湾岸戦争、そしてボスニアヘルツェゴビナの紛争でした。ベトナム戦争の頃はまだ幼かったので、この二つが私にとっての初めて、戦争を意識した体験ということになります。

それはまた、人類がはじめて、テレビで生中継で戦争を観るという体験でもありました。私はその違和感を『東京ノート』という作品にしました。『東京ノート』はいま一四カ国語に翻訳され、世界中での上演が続いています。

芸術家は、どのようなつらい体験も困難な状況も、それを色や形や音や、そして言葉に変えて後世に伝えていきます。

観光も同様です。今回ロシア軍の侵攻を受けたチェルノブイリ原発跡は近年、観光地として人気を博していました。いま難民が押し寄せているポーランドでは、アウシュビッツ強制収容所が世界遺産となり多くの観光客を集めてきました。日本においても、広島、長崎はコロナ以前は、世界中から観光客が訪れ、核の悲惨さを学ぶ聖地としての役割を果たしてきました。エンタテイメントや物見遊山だけではなく、人類の負の遺産と向き合う機会を作ることも観光の役割なのです。

ぜひ、本学で、観光の多様な側面も学んでもらいたいと願います。

時節柄、めでたいはずの入学式にしては堅い話になってしまいました。たいへん申し訳なく思います。しかし、戦後、日本の大学教育は、戦前の軍国主義に協力した過去に対する反省から再出発をしました。その反省は大きく二つに分かれます。一つは科学的な知見から離れ、軍部の台頭を止められなかったという反省。もう一つは、学徒動員によって直接的に前途ある若者たちを戦場へと送ってしまったことについての反省です。

少なくとも私が学長である期間、本学の学生を兵士として戦場に送ることはしたくない。そう心に強く誓います。そして、このようなことを現実感を持って語らなければならない現状を強く憂慮します。

いま、皆さんがいるこの劇場は、戦前、反軍演説、粛軍演説を行った郷土の偉人斎藤隆夫氏の功績をしのび、「静思堂シアター」と名付けられています。今一度、平和への願いを胸に、国際社会への責任を背負った大学生となってください。

シベリア寒気団は去り、但馬に春がやってきます。高原に花が咲き乱れ、果物のおいしい季節になります。夏になれば海水浴やシーカヤック、九月には豊岡演劇祭が開催されます。やがてまた冬が来て、雪の季節になります。どうか但馬の四季を満喫してください。この平和な日本を築いてくださった先人たちへの感謝の心を忘れずに、思う存分大学生活を謳歌してください。

あらためて、入学おめでとうございます。

ここにいる新しい友人たちと、できたてほやほやの先輩と、教職員と、そして世界で君たちを待っているまだ見ぬ友と、この大学の未来を作っていきましょう。

皆さんを心から歓迎します。

令和四年四月四日

芸術文化観光専門職大学　学長　平田オリザ

ちょうどいい町を作る　……二〇二二年四月

私が学長を務める芸術文化観光専門職大学は、四月四日に無事、二期生の入学式を迎えた。

その前日の日曜日は朝から自宅近くの金比羅神社の清掃であった。軍手をはめて家を出ようとすると、四歳の息子もついて行くと言う。お手伝いが好きな年頃で、父親に似ず特に掃除が大好きなのだ。子どもの参加はほとんどなかったので、近所の皆さんにたいへん褒められ、息子はご満悦であった。

翌週の同じ日曜日は、やはり朝から金比羅様のお祭りだった。私は前日まで東京で仕事があり、朝の飛行機便で但馬空港に戻った。自宅に寄ってから神社でのお祓いに出かけようとすると、また息子がついて行きたいと言う。「今日はお掃除でもないし、子どもが行くものじゃないんだよ」と言っても泣いて聞かない。「じっとしていて、静かにしていないといけないんだよ」と諭してもついて行くと言う。よほど前週のお手伝いが楽しかったのだろう。

神社は堤防を歩いて行くと五分もしないところにある。すでにお祓いが始まろうとしていて私は子どもを抱えて神妙に席に着いた。もちろん子連れは私一人だ。

神主さんが祝詞をあげ、急な階段を上り本殿で何やら儀式を繰り返す。息子も神妙な空気を感じ取ってか静かにしている。本殿にお供え物が見えたので、小声で「お餅かな?」とささやくと、「きっとお餅だね」と息子も小さな声でつぶやいた。昨年、妻と一緒にこの例祭の餅まきに参加したのを覚えていて、それを楽しみにしていたらしい。

「お餅をおいしくしてるのかな?」

「きっとそうだね」

と息子は目を輝かす。

自分でもよく分かっていなかったのだが、地区の代表の他に卒寿、喜寿、還暦、厄年などを迎える地域の人間がお祓いを受ける習わしのようで、私も還暦のお祓いを受けた。

祝詞を聞きながら、ふと目を上げると神社のひさしの下に向かいの山の新緑が美しい。なんという光景であろうか。鳥が飛び、川のせせらぎの音が聞こえる。移住をしてきた幸せを感じるのは、このような瞬間だ。

この神社は円山川の川沿いにあって、おそらく遊水地のような役割を果たしてきたのではないか。本殿の高みは洪水が来ても水の届かない位置なのだろう。実際、新しくできた堤防よりも本殿は高い位置にある。そんなことをぼんやりと考えながら、ひしと息子を抱きかかえる。

儀式は淡々と進み、玉串の奉納も親子で行い、息子は二礼二拍手一礼も可愛くこなした。普段は多動気味の我が子だが、二〇分ほどの儀礼の間、ずっと静かにしていたのは感心した。私は無宗教だが大学がキリスト教系だったこともあって、こういった「なにごとの　おわしますかは　しらねども」といった雰囲気は嫌いではない。

全国の地方都市がそうであるように、豊岡市にも「隣保」と呼ばれる隣組のような組織がある。ゴミの出し方などを中心に地域の課題解決の最小単位（多くて一〇軒程度か）が隣保となっている。今年は我が家が隣保長で、妻は時々、地域の寄り合いに出かけていく。

昨年は隣保内でお年寄りが亡くなり、葬式があった。今時だから式は業者が取り仕切るのだが、隣保の人間は朝から葬祭場に詰めることになっている。参会者が少なくて寂しくなることを避ける意味合いもあると聞いた。

東京で暮らしていた頃、私の母が亡くなった。そのとき、私は劇団のフランス公演に帯同していて、私が帰国するまで葬式の段取りはすべて妻が取り仕切ってくれた。そのときはとても寂しかったので、この隣保の制度はありがたいと、ご近所の葬儀から戻った妻から感想を聞いた。

さて、こういった近所づきあいを面倒と思うか楽しいと思うかは、きわめて難しいところだ。実際、豊岡市内でも隣保の縛りが強すぎて(いろいろな行事に参加しなければならない)、その地域への引っ越しがためらわれるような地区もある。一方、新興住宅地で隣保がないに等しいような地域もあると聞く。私が住む地区はつかず離れず、ちょうどよい距離感でお付き合いをいただいている。もちろん私は外様中の外様であるから、多少、特別扱いもしてもらっているのだろうが。

個人差もあるかもしれない。私は東京生まれの東京育ちだが、小さな商店街で育ったので近所づきあいにはさほどの違和感はない。最初は楽しいが、いずれ面倒になってくるということもあるかもしれないが。

私はこの二〇年来、「誰もが誰もを知っている強固な共同体」から「誰かが誰かを知っている緩やかなネットワーク社会」へ日本社会を編み変えていく必要があると訴えてきた。もしもそうであるならば、その編み目の接点に演劇や音楽、美術などの文化活動やスポーツ、ボランティア活動などが置かれるだろうとも考えてきた。まさか自分自身が移住をして、その実践の場に立つとは思ってもいなかったが、この二年半の経験はそこに尽きる。今回と次回はこれまでのまとめということなので、重複をおそれずに、この点について書いておこう。

　コロナ以前でも、東京に暮らす子育て世代の約四割が移住を考えたことがあるというデータがあった。おそらくいまは「考えたことがある」というだけなら六割、七割といった数字になっているのではないか。

　一方、では実際の移住者が増えているかというと、残念ながら心許ない。テレワークなどが盛んに喧伝され、Ｕターン、Ｉターンに追い風とも言われるが、実際に移住者が増えているのは神奈川、埼玉などの近郊都市だ。豊岡、但馬は相変わらずの人口減少にあえいでいる。

　子育て世代の多くは、都会の冷たさや生きづらさを感じて地方への移住を考える。しかし一方で移住をためらわせるいくつかの要因がある。もちろん一番は職だろう。いまは選ばなければ地方の方が仕事はある時代だが、それでも「自分に合った仕事」というある種の幻想を求めて若者は都会に吸い寄せられる。

　他にも「教育」「医療」「文化」などが地方移住の際の懸念となる。だがもう一つ大きな要因は「田舎のしがらみ」だ。

　この懸念は特にＵターン者に多く見られる。以前、私と同じＩターン組の漫画家ひうらさとるさん（城崎在住）から、「私たちはプロ野球の外国人枠だと思ってればいいんですよ」とアドバイスされた。たしかに、先にも書いたように、おそらく私は地域で特別扱いをしていただいているのだろう。だがＵターン者はそうはいかない。さらにそのＵターン者の配偶者（多くの場合は女性）が都会育ちなら、近所づきあいを重荷に感じることは容易に想像できる。

都会は冷たすぎる。田舎は熱すぎる。各自治体のU・Iターン担当者にこの話をすると「そんなわがままな」という答えが返ってくる。しかし、もしも本当に人口の地方分散を考えるなら、私たちはこの隘路を抜け出なければならない。熱すぎない、冷たすぎない、ちょうどいい町を作らなければならない。おそらく、それ以外に地方が生き延びる道はない。

かつて劇作家井上ひさしは、「科学だけでは冷たすぎる、宗教だけでは熱すぎる、その中間に宮沢賢治は芸術を置いたのではないか」と繰り返し語った。賢治の思いが、一〇〇年の時を経ていまよみがえる。熱すぎない、冷たすぎない、その中間に芸術や文化を置いたまちづくりが求められている。

未来へ　……二〇二二年五月

長かった連載も、いよいよ本当に最終回。『世界』という雑誌の中で、他と異なる雰囲気の連載が続けられたことを誇りに思うし、また編集の皆さんのご理解にも感謝したい。

但馬はもっとも過ごしやすい季節となって、家族は毎週末、知り合いの農園にイチゴ狩りに行っている。そして毎朝、不揃いなイチゴが食卓を彩る。とはいえ、まだ五月なのに時に三〇度近い日もあり、夏の暑さは少し思いやられる。そろそろ納戸からプールを出しておかねばならない。

大学は第一クォーターの授業が早くも折り返しを迎えた。私は今年度、二年生対象の「演劇入門」という授業を持っている。この講座では、演劇の起源（演じるということの本質）から近現代の演劇までを辿りながら、その歴史的な背景を説明している。初めての講義なので、準備にずいぶん時間をとられるが、やはり学生との自由なやりとりができる授業は何より楽しい。

演劇という制度は二五〇〇年前にギリシャで生まれた。それはギリシャに民主制が誕生した時期と前後している。おそらく、この新しい制度が誕生したあと、アテネ市民たちは戸惑ったのではないか。それまで王様や貴族が決めていてくれたことを、これからは自分たちが決めなくてはならない。しかしその自分たち一人ひとりは、あまりにバラバラで、何をどう決めていいのかも分からない。

しかし、そこからがアテネの人々の偉かったところで、話し合いの方法、あるいは訓練法を二つ、人類に遺産として残してくれた。一つは言わずと知れた哲学。異なる概念をすりあわせて新しい概念を生み出す弁証法という考え方だ。

もう一つが演劇だった。当時アテネ市民にとって演劇祭への参加は権利であると同時に義務でもあった。一定年齢に達した男子はコロスとして演劇の舞台に立たなければならなかった。おそらくそこで人々は、異なる感性をすりあわせる訓練をしたのではないかというのが私の解釈だ。

ある一定年齢に達すると村の祭りなどに参加する、いわゆる通過儀礼（イニシエーション）はどの共同体でも持っている。この通過儀礼に演劇やダンスはうってつけだった。日本でも、（特に西日本では）若衆宿などで文字通り寝食を共にして祭りの準備にあたる習慣が戦後まで残っていた。もちろん、そこには克服すべき因習も多くあったのだろうが。

近代に入って地域共同体の力が弱まり、通過儀礼としての舞台芸術の役割は薄れていく。客席と舞台の乖離が起こり、劇場は商業の場となっていく。

豊岡で、ここ数年、進行してきた事態は、演劇が本来持っているこの力を、教育やまちづくりに活かそうというものだった。もちろん、その成否はまだ出ていない。

前回、私は「誰もが誰もを知っている強固な共同体」から「誰かが誰かを知っている緩やかなネットワーク社会」へ転換の必要があると書いた。そして、その結節点の一つとして芸術文化活動が果たす役割は大きいと希望を述べた。

利益型の共同体と地縁血縁型の共同体の、そのどちらもが危機に瀕している。グローバル化によって企業は労働者を守る必要がなくなってしまった。足下の地縁血縁型社会も少子高齢化で崩れていく。私はその中間に、出入り自由な「関心共同体」を置くべきではないかと提唱してきた。

その地域に生まれたからといって青年会に入り、商工会に入り、消防団に入り、すべての行事に参加させられるような強固な共同体はもはや限界だ。しかし一方で人々は自らが関わりたいと考える芸術文化活動やスポーツ、ボランティア活動には積極的に参加する。

たとえば昨今問題になっているPTA活動も同様だろう。子どもを学校に通わせているからといって、強制的にPTA活動に参加しろというのは、もはや無理がある。だとすれば、保護者間で映画の鑑賞会をしたり、スポーツクラブをつくったり、あるいは親子で参加できるボランティアサークルをつくったりして、そこに横串を刺すような形でＰＴＡ活動を置くしかないのではないか。

それは理想に過ぎないかもしれない。日本はもう変われないかもしれない。

なんといっても日本は暮らしやすく、安心で清潔だ。私と同年代か、それ以上の人たちが「もう変わらなくていい」と考えるのはもっともなことだと思う。ゆでガエルと呼ばれようが、ゆであがる前に人生を終えるなら、それもいいのかもしれない。

しかし、その諦念が若い人たちにも伝わって「この町は変わらない」と感じてしまうところに大きな問題がある。全国各地を回って感じるのは、この手の諦めからくる停滞感だ。「この町は変わらない。だから自分を変えるとしたら、この町を出て行くしかない」と多くの若者が感じている。

今年、地元で一番の進学校である兵庫県立豊岡高校からは、一九八名の卒業生が巣立っていった。そのうちの一九四名が豊岡市を出て行った（残り四名のうち、二名が芸術文化観光専門職大学に進学した）。これが地域の実情だ。

これまで四年制大学のなかった但馬地域に大学ができ、毎年八十余名が全国から集まってくる。大学は地域の最後の希望の星となった。彼／彼女たちのうち、何割が地域に残るかが、この地方の未来を決すると言っても過言ではない。

一期生は一年間の寮生活を経て、地域での暮らしを始めている。町の皆さんからは、若い人が増えて景色が変わったとよく言われる。二年後には四年生までが揃って、いまの倍の学生数となる。大学院の設置や定員増といった未来に向けての検討や準備も進めなければならない。

昨年、残念ながら開催できなかった豊岡演劇祭も、今年は、よほどのことがない限り実施できるだろう。もうすぐプログラムの概要が発表されるが、現時点ですでに、フリンジ(自主参加のセクション)も含めて、おそらく日本最大級の演劇祭が実現することが決定的となった。小規模だが国際的なプログラムも開始する。来年以降は国外からも多くの参加が期待される。

初期の日記でこの但馬は植村直己の生誕地であることを紹介した。冒険とアートは、どこかしら似たところがある。いずれも、形にして、やって見せて始めて、その価値を評価してもらえる。やる前から評価される冒険は、大したものではない。芸術もまたしかり。

「生きるべきか死ぬべきか、それが問題だ」というハムレットの名台詞は、近年は、より原文の意味に近づけて、「このまま生きるべきか、変わるべきか、それが問題だ」と訳される。すべての日本の地方都市に、それが問われている。

終章　希望の風――この一年

六方水門横からのぞむ円山川

問題の本質

長い連載が終わって、すでに一年が過ぎた。但馬の風景は変わらずに美しく、私たち家族は充実した生活を送っている。

息子は五歳になった。将来の夢は城崎マリンワールドの水槽の中の人(=ダイバーさん)になることで、そのために熱心にスイミングクラブに通っている。先日は私と二人だけでプールに行って練習もした。

私は五八歳で芸術文化観光専門職大学の初代学長に就任した。五〇代後半での学長就任は今時珍しくはない。しかし息子を保育園に送って、その足で登校する学長は全国でも私だけかもしれないと自負している。この楽しみも、あと一年を切ったが。

豊岡演劇祭は二〇二二年九月に実質二回目の開催となり、多くの演目が上演された。今年(二〇二三年)の演劇祭は、フリンジ部門の応募が二〇〇件を超え、たった三回で名実ともに日本最大級の演劇祭となった。

芸術文化観光専門職大学は開学から三年目を迎え、あいかわらず全国から優秀な学生を集めている。

三期生の志願倍率は四・六倍。公立大学ではトップクラスの人気校となっている。今年からは、いよいよ留学生の受け入れも始まり、さらに活気が出ることだろう。

学生たちは一年次の寮生活を終えて街へと飛び出していった。豊岡の皆さんからは「街の雰囲気、風景が変わった」とよくおっしゃっていただく。アパートの建設なども進み、大学周辺の地価は約三〇年ぶりに下げ止まった。高倍率を維持しているので周辺自治体からは定員増、大学院や関連した研究機関などの増設の期待も大きい。街が変わりつつあるというのは雰囲気だけのことではない。二三年六月一六日付の神戸新聞には「カフェや雑貨店、あの空き地も…シャッター街に「新顔さん」続々高齢化のまちに新たな流れ」という大きな見出しで、以下のような記事が載った。

兵庫県豊岡市の中心市街地を東西に走る大開通りで、ここ一、二年、新店舗の開業が目立っている。新型コロナウイルス禍の逆風下に雑貨店や飲食物販売店のオープンが続き、高齢化や郊外型店舗との競合に悩んできたシャッター街に、新しい人の流れを生んでいる。（中略）

ＪＲ豊岡駅から東西約八〇〇メートルに真っ直ぐ延びる大開通りと交差し、南北に延びる宵田商店街（通称・カバンストリート）周辺では近年、地場産業のかばん店をはじめ、新店舗や複合施設、カフェなどの開業が相次ぐ。買い物客らの滞在時間が延びるなど、影響が面に広がりつつあるようだ。

人口減少が止まったわけではないが、他の自治体から見ればうらやましいほどの展開だ。それでも改革派の前市長は選挙に敗れた。問題はきわめて複雑だ。豊岡市の南隣、養父市の広瀬栄市長は、最近お目にかかるたびに以下のような話をされる。広瀬さんもまた、農業を軸に日本で最初の国家戦略特区の指定をうけた改革派の市長の一人だ。

「コロナの三年間で、自分は市長として、あるいは政治家としての人生を強く反省した。養父市はこれまで分不相応とさえ言える充実した福祉政策を行ってきた。それ自体は決して間違ってはいなかったと思う。人口二万人の小さな自治体が特色を出し、Uターン者や移住者を増やそうとすれば、子育て支援や医療費無償化などで他市と差別化を図るしかなかったからだ。また、それは小さな自治体だからこそ機動力を持って行えた施策でもあった。しかしそれを、たとえば明石市のように大都市もやり始めたら、人口収奪の競争に勝てるわけがない。これはもうポピュリズム云々といった以前の問題だ」

税にはたしかに所得の再分配という機能がある。しかし、それだけならば、累進課税を強め、消費税を下げればいいという議論になってしまう。税のもう一つの役割は、広く税金を徴収し、それを教育や公共インフラなど未来への投資に充てる点にある。

だが、このコロナの三年間、多くの地方自治体において、このたがが完全に外れてしまった。医療費や教育費の無償化は国家が行うべき政策であって、本来、自治体が競ってまで進めるものではない。そうであっても、いったん外れてしまったたがを引き締めるのは難しい。選挙戦のさなかに「芸術文化より現金給付を」と言われれば、多くの人がそちらに票を入れるだろう。それが自治体の未来を暗くする施策であったとしても。本当は、それがわかっていたとしても。

たとえば今年開催予定の豊岡演劇祭２０２３の予算内訳は以下のようになっている。

豊岡市の負担金　五九〇〇万円　　文化庁、兵庫県などからの補助金　三九〇〇万円
養父市の負担金　五〇〇万円　　香美町からの委託金　四七〇万円
入場料収入　九〇〇万円　　その他協賛金など　一〇〇万円
グッズの売り上げ　一三〇万円　　繰越金　一〇〇万円
総計　一億二〇〇〇万円

一見、豊岡市の負担は大きいように見えるが、その内訳は、さらに以下のようになっている。

地方創生推進交付金　二九五〇万円　　企業版ふるさと納税　二〇〇〇万円
個人版ふるさと納税　九〇〇万円　　一般財源　五〇万円

本文でも触れたが、演劇祭における市の本体予算からの支出はきわめて少ない。本年度の豊岡演劇祭では五〇万円(!)に過ぎないのだ。経済波及効果は、今年はおそらく一億五〇〇〇万円を超えるだ

ろう。その過半が、地域の宿泊業、飲食業、交通業などに落ちる。豊岡市にとってはきわめて経済効果の高い演劇祭になっている。この演劇祭は「演劇」をテコに、自治体が外部資金を集める仕掛けになってきた。だが、外見的には市外から獲得してきた資金も、その多くはいったん市の財政に組み入れられるので表からは見えにくい。

面白いことがあった。

芸術文化観光専門職大学は県立大学なので、職員の多くは県庁からの出向だ。演劇祭に対する県からの継続的な支援をお願いするために、大学の幹部職員にもこのスキームを説明してきた。

「演劇祭の予算は、主にふるさと納税を原資として、そこに政府からの地方創生予算を足し、さらにいろいろな補助金や協賛金を組み合わせて約一億円の予算を組んでいる」

そう説明はしてきたのだが、いまひとつ理解していただいていないようだったので、上記のような予算の内実の数字を豊岡市役所の方に出してもらった。そしてこの一覧を見せたところ、大学の幹部職員には「これはすごくうまく出来たスキームです」と納得してもらえた。要するに、ファンドレイジング(資金調達)の枠組み自体があまりにうまく出来すぎていて、それ故にすぐには理解してもらえないという弱みがある。「そんなうまい話があるか」と思ってしまうのだろう。

このことは、特にこの三、四年、形を変えて様々に経験をしてきた。

たとえば、一線級のビジネスパーソンが多く受講しているとある大学院で、演劇祭や大学の開設について説明し、文化によるまちづくりの可能性について講義を行った際、最後の質疑で以下のような質問が出た。

「演劇祭や大学が成功しているのはわかったけれども、ではなんで、いままで誰もそれをやらなかったのですか？」

私は、「さて、なんででしょうね？」と答えた。もちろん、それだけでは不親切に過ぎるので、「たぶん、誰もやれないと思っていたからできなかったのだと思う」と続けた。この大学院は、現役の企業人にイノベーションについて考えさせる授業が多いのだが、そのような教育機関でさえも、たぶん多くの受講生は「冒険」の意味がわかっていない。

私は、三〇代のころ、「平田オリザが発明したとされる現代口語演劇などは、コロンブスの卵にすぎない」という一文に接して、心底落胆した経験がある。これを書いたのは演劇界ではそこそこ名前の知られた評論家だった。もちろん、その評論家が「コロンブスの卵」という喩えを誤用したことに落胆したのではない。そこに、この国の精神風土の本質を見る思いがして、日本で演劇を続けることに暗澹たる思いとなったのだ。

豊岡、日高が生んだ冒険家植村直己については何度か書いた。そして冒険とアートは、「やって見せなければわからない」という点において似ているのだとも説明してきた。

企画書を書き、稟議を回し判子を集め、みんなから「これはぜひやりましょう」と言ってもらえる冒険などは価値がない。アートもしかり。人々の想像を超えていくところにこそ、芸術と冒険の価値がある。植村直己は、その想像の超え方がきわめて素晴らしい冒険家だった。

一九七五年、植村直己は主に詩人を対象とする藤村記念歴程賞を受賞している。受賞理由は「未知の世界の探求」。後にも先にも冒険家で、この賞を受賞した者はただ一人だ。冒険も芸術も、いままで誰も成し遂げたことのないものに挑戦する。しかしそれは、新しければ価値があるというものでもない。私は芸術を志す学生にはよく、「真の新しさと目新しさは異なる」と説明してきた。

冒険にも芸術にもセンスが必要だ。

かつてアフリカ最高峰のキリマンジェロを後ろ向きで登った男がいた。これはセンスのない冒険だ。この話を聞いて、誰もが「へー」と感心はするが感動はしない。それは「目新しさ」に過ぎない。価値ある冒険、価値ある芸術は必ず、人々の心を動かし、そしてそこに追随する者が生まれる。もちろん、理屈や理論、数字の根拠なしに、何かを闇雲に進めてきたわけではない。

たとえば芸術文化観光専門職大学。日本には現在、演劇部のある高校が二〇〇〇校あると言われている。その中でも進学校の演劇部の生徒たちの受け皿がまだまだ足りない。特に関西ではそれが顕著だ。東日本ならば、そのような生徒たちは早稲田、明治などの演劇専攻に進む。授業は座学中心だが演劇活動はサークルで行えばいい。

しかし関西では、関関同立と呼ばれる私学のトップ校(関西大学、関西学院、同志社、立命館)に演劇が学べる授業がほとんどない。偏差値の高いところで言うと大阪大学文学部演劇学専攻といったところになる。私たちの大学は、その層を狙って見事にヒットした。高倍率だけではなく偏差値帯も、ほぼ関西のトップの私学と肩を並べている(公立と私立では偏差値の基準が大きく異なっているが)。

しかしここで多くの読者は、もう一度、疑問に思うだろう。「だったら、なぜ、いままで誰もやらなかったのか？」そこにもいくつかの理由がある。

日本の大学は人事の硬直性が強いので、高校生のニーズの変化についていけない。新学部新学科を構想するのも、ほとんどの場合、いま大学にいる教員たちなので新しい発想が出にくい。大学教授たちは自分の専門領域を守る本能があるので、まったく違う領域の学部学科の増設には及び腰になる。

これは日本社会の縮図とも言える。まだまだ日本にも、私が「大きな隙間」と呼んできた新領域があるのだが、社会が硬直化していて、そこになかなか踏み込んでいくことが出来ない。

演劇祭も同じだ。瀬戸内国際芸術祭や大地の芸術祭が成功すると、全国でそれに追随するようなアートフェスティバルが生まれるが、では「演劇祭」となると、みな及び腰になる。

さらに成功しても、今度はそれに対する嫉妬、猜疑心、怨嗟の念。私くらいに馬齢を重ね図々しくなっていれば、それにも耐えるが、若い変革者たちにはこの国は本当に息苦しいだろうなと思う。

芸術文化観光専門職大学とは何か？　……二〇二三年四月

愚痴が多くなった。少し、昨年四月以降のことを書き記しながらポイントをおさえておこう。

二〇二二年四月一九日。ソウル芸術大学との連携記念式典。オンラインでの式典のあと、私が記念講演を行う。この日のために練習を重ねて式典の冒頭はすべて韓国語でスピーチをした。

これで韓国の大学とは、中央大学に続いて二つ目の提携校となる。どちらも韓国演劇教育の名門校で、開学二年目でこの二つの大学と提携を出来たのは幸運としか言いようがない。狙ったわけではないが、大ヒットした『愛の不時着』の男性主人公ヒョンビンは中央大学出身、ヒロインのソン・イェジンはソウル芸術大学出身だ。

五月二日。芸術文化観光専門職大学のクレド策定。

これまでの基本理念や目指す大学像に加えてより本質的なミッションやビジョンを学生も交えて策定した。新たに作ったクレドは次の通り。

ミッション
本学は芸術文化観光学の構築を通じて、生きる喜びのあふれる共同体をインターローカルに紡ぎ出す知と行動の拠点となる。
＊インターローカルとは、国家間の関係を意味する従来の「インターナショナル」とは異なり、地域と地域を、国境を越えてダイレクトに結ぶ活動を意味します。

ビジョン
本学は芸術文化と観光の協働的実践を積み重ね、共同体の活力を創造し、社会実装につなげる先導的な大学モデルとなる。

バリュー
さまざまな矛盾と向き合い、ゆっくり悩む時間を大切にしよう
多様な選択と決定を受け止める寛容な感性を育もう
知らない世界、知らない自分への冒険を楽しもう
他者との違いから学び合い、責任を持って行動する知性を養おう

私が特に気に入ってるのは「バリュー」の部分だ。キャリア教育をガリガリにやるのではなく、学生には大いに迷ってもらいたい。教員が出来るのは迷うための正確な情報を提供したり、多様な体験をさせたりしてあげることだけだ。

大学設立の経緯についても、あらためて補足しておこう。二〇一六年の五月三〇日、私が城崎国際アートセンターの芸術監督に就任して一年が過ぎたある日、但馬空港でたまたま中貝市長におめにかかった。私は市内の小学校でのモデル授業を終えて東京に戻るところ。市長は神戸の県庁への出張だと言う。コウノトリ但馬空港はゲートから飛行機のタラップまで、一分ほど屋外を歩く。そこで後ろから中貝さんに声をかけられた。

「専門職大学という新しい制度が出来るようだ。専門学校が大学に改組できる仕組みで、これなら

但馬に四年制大学を誘致できるかもしれない。いま、豊岡にある技術大学校を改編できないか県に話しているところ」と言う。

さて機内に入ってみると、たまたま二人は隣の席だった。専門職大学の話が続く。

「ものづくりと観光で考えているのだけど、どうだろうか？」と市長が言うので、「観光だったら、観光コミュニケーションとかで授業を一コマくらい持てるかもしれませんね。いくらでも協力はします」という話になった。

但馬空港から伊丹空港までは約二五分。離島を除いては日本最短の県内便だ。離陸して水平飛行は約五分。降下体勢に入ったところで余談として「実は日本には演劇の実技が学べる国公立大学はまだ一つもないんです。これは先進国として恥ずかしいことですし、国立大学に演劇学部が出来ることは演劇界の悲願でもあります。もしそんな学部が出来たなら、私も移住してくるんですけど」と私が言うと、なんだか市長はピンときたところがあったらしい。

私は「そんなものが出来たら移住してきますよ。まぁ出来ないでしょうけど」という半ば反語のように語ったわけだが、その約二カ月後の八月九日、「但馬地域づくり懇話会」の席上で中貝市長が当時の井戸兵庫県知事に舞台芸術を含んだ専門職大学の設置を提案。知事の決断で一七年度予算に専門職大学の設置を検討する調査費が計上された。

翌一七年八月、専門職大学構想検討会が設置され、私はその座長に就任する。このときには、すでに私たち家族は豊岡への移住を決めていて、それを豊岡で行われたあるシンポジウムで発表した。この内容は翌日、神戸新聞で社会面の記事となった。

この時点では「副学長くらいにしておいてください」とお願いしていたのだが、井戸前知事からの指名で、同年一一月、私が新大学の学長に内定する。ただ、これも今となっては、引き受けておいてよかったと思っている。芸術文化観光専門職大学は構想から開学までたった五年で出来た。こういうことは誰かが「絶対に作るのだ」と身体をはらないと動かない。

二〇一八年四月、兵庫県庁内に専門職大学準備室・専門職大学準備課が設置され、いよいよ構想が加速した。八月、「兵庫県但馬地域における専門職大学基本構想(案)」を発表。ここから認可申請、そして認可がおりるまでの経緯は本文にあるとおりだ。駆け足で作ったために、まだまだ不備な点は多いが、ともかく大学は順調に船出をした。

豊岡演劇祭2022　……二〇二二年五月から九月

五月一四日。芸術文化観光専門職大学パフォーミングアーツプロジェクト第二回公演『OZ2022』初日。昨年の『忠臣蔵・キャンパス編』に続き、今回は演出に多田淳之介氏を招いて上演を行った。本学の劇場をフルに使った回遊型の演劇が非常に好評で、地域の皆様にも大学の新しい可能性を感じてもらえたと思う。

五月三一日。ニックヒレッシュ・チャンドラ・ギリ在大阪インド総領事来学。以前、大阪での私の講演会を聞いて本学に興味を持ったそうだ。

六月三日から江原河畔劇場で演劇人コンクールを開催。これは富山県南砺市利賀村で続いてきたコンクールを引き継ぐ形での開催となった。六月は予選で、ここで選ばれた優秀団体は豊岡演劇祭期間中に開催予定の決勝へと進む。

七月七日、江原河畔劇場で『ソウル市民』公演初日。満員の客席。ご近所の皆さんも芝居を見るのに慣れてきたようだ。

当日、私は参加できなかったのだが、大学では第一回の学内運動会が開催された。

八日、韓国の李相烈在神戸総領事来学。

一九日、オープンキャンパス。今年も一八〇名の志願者と、二二〇名の保護者の皆さんが来場した。受験ツーリズムも確実に根付き始めている。

八月一日、末松信介文科大臣来学。学生と懇談。

五日、東京でのオープンキャンパス。高校一、二年生も多く関心の高さをうかがわせる。

一三日、豊岡演劇祭で上演する『日本文学盛衰史』の稽古開始。

八月中旬、学内でコロナの感染が相次ぐ。実習先での感染の可能性もあり対応に苦慮する。演劇祭の開催にも暗雲が立ちこめる。

三一日、兵庫県議団来学。

九月三日、初めての本格的な学会となる観光経営学会を芸術文化観光専門職大学で開催。これからは学会開催などでも、豊岡の観光業に寄与することになる。

九月一五日、豊岡演劇祭２０２２がどうにか無事に開幕。

今年のオープニングは出石永楽館で、岩下徹さんのダンスと梅津和時さんの演奏のコラボから始まった。岩下さんはすでに豊岡の竹野に移住し、豊岡市民となっている。

他に二〇二〇年に続いて市原佐都子さんの新作。新進の劇団としてヌトミックと劇団あはひには芸術文化観光専門職大学の静思堂シアターで上演をしていただいた。

一週目に江原駅前、二週目は豊岡市役所前で行ったナイトマーケットもたくさんの人出で賑わった。

参加団体は七七、二六四ステージ。入場者は日を追うごとに増えて、最終的に延べ一万八〇〇〇人を数えた。私たちは当初、最大で一万人の集客と見込んでいたので予想を大きく上回る人出だ。経済波及効果も一億四〇〇〇万円を超え、期間中、豊岡の中心街ではホテルがとれない状態が続いた。

この時期、並行して大学では、リカレント教育に特化した但馬ストーク・アカデミーを開講。こちらも地元企業を中心に二〇〇名以上と予想を超える受講生を集めた。

コミュニケーション教育　……二〇二二年一〇月から一一月

第二クォーターが始まる直前の一〇月一日、二日、大学では第0・5回と銘打った初めての学園祭を開催。ここにも多くの市民の方が訪れた。

同じ一〇月第一週、青年団は『ソウル市民』をもってポーランド公演。三年ぶりの海外公演となった。

一〇月二一日、豊岡市内の小学校で今年度最初の私のモデル授業。すでに豊岡市の「演劇的手法を使ったコミュニケーション教育」は基本的には私の手を離れて大きな発展を見せている。

この点も少し補足をしておこう。

豊岡市にはまだまだ一学年七人、八人といった小規模校も多い。こういった小学校の子どもたちは保育園から六年生になるまで、ずっと七人で過ごす。田舎の子どもたちだから、おしなべてのびのびと育ち心優しい。ただし役割は固定化されており、言葉にしなくてもお互いすべてがわかりあえてしまう。そんな小規模校の子どもたちは、中学で一学年五〇人ほどになると、対人関係がうまく行かなくなる場合が出てくる。地方には地方なりの中一プロブレムがあるのだ。

「演劇的手法を使ったコミュニケーション教育」は、その対策としての意味合いもあって小学校六年生と中学一年生から始まった。各学期三時間ずつ、特に小規模の小学校では中学校区が同じ小学校が集まって行う場合が多い。

全校実施からすでに五年が経った段階で、次に非認知スキル（学力テストなどの数字では測れない能力）の向上に主眼を置いた低学年への展開が始まった。ここでもモデル校を二校定め、さまざまなデータをとったところ自己肯定感など多くの非認知スキルの向上が見られた。二〇二二年度からは小学校一年生が全校実施。このあとだんだんと実施する学年を上げていく予定になっている。

市長の交替を受けて、市教委としてもコミュニケーション教育の浸透のためのPRにも努めた。PTAの会合などで私のワークショップや講演会を繰り返し行い理解はずいぶん広がってきたと感じる。

一〇月二三日、養父市との連携事業「NAGUSAI〜山の上の芸術祭」に多くの学生が参加。

養父市の妙見山（標高一一三九メートル）という山の中に、国指定重要文化財である名草神社がある。細い山道を車で小一時間登っていくと、驚くほど大きな三重塔と神社の本殿が建っている。神社の標高は八〇〇メートル。冬は積雪のため立ち入り禁止となる。

この本殿の屋根が雪で落ちてしまっていたのを、約一〇年かけて地元の方々が修復した。その完成記念イベントを大学が受託したのだ。

この三重塔は、但馬の杉を出雲大社の建立のために提供したお返しとして、出雲から贈られたものだとされている。学生たちは現地で取材を行い、地元に残るこういった伝説を題材にミュージカルを作った。私は前日のリハーサルしか観られなかったのだが、本番では地域のお年寄りなど涙を流す人もいたと聞く。

このように芸術文化観光専門職大学は、付設の地域リサーチ&イノベーションセンターを中心に、地元の自治体や企業から多くの受託事業を請け負っている。すでにその数は五〇件近くに上っている。もちろんこういった事業、イベントに参加する場合は、学生にはきちんとギャラが支払われる。

一一月一五日、県議会総務常任委員会視察。

二〇日。三年目の推薦入試。昨年を大きく上回る出願者があった。

二四日、韓国中央大学と連携協定イベント。

『日本文学盛衰史』再演 ……二〇二二年一二月

一二月八日。この日から劇団は『日本文学盛衰史』の北海道、東北ツアー。

本文でも「あいちトリエンナーレ」の項で触れたが、『日本文学盛衰史』の大きなテーマの一つは、明治の文学が近代国家の成立とともに始まったのに対して、言文一致が完成する時期から、国家が言葉を怖れるようになるという点にあった。今回の再演にあたっては、あいちトリエンナーレの「少女の像」をネタに使って、さらにこの点を強調した。

夏目(漱石) 私たちは、悲しいと書かなくても、寂しいと書かなくても、風景を描写するだけで、その描写する主体の内面を伝えることができるようになりました。

管野（スガ子）　はい。

夏目　そして、それに多くの人が共感する。

管野　はい。

夏目　ならば当然、政府は、『猫』と書いた人を牢屋に入れ、『犬』と叫んだ者をむち打つでしょう。

管野　そんな、

夏目　だって、政府は、その言葉が、内面の何を表しているのか不安でたまらないから。

＊

夏目　（椅子を出す）相馬さん、

相馬（国光）　はい。

夏目　これに座ってごらん、

相馬　え？

夏目　いいから、座って、

相馬　はい。

＊

夏目　これは、なんですか？

皆さん、これはなんですか？

高村君、これはなに？

高村（光太郎）　女の人が、椅子に座っています。

夏目　そう。百年後、政治家たちは、ただ女の子が椅子に座っている像を見て、恐れおののくようになるでしょう？

高村　どうしてですか？

夏目　わかりません。

高村　え？

夏目　しかし、それが、私たち芸術家が持つ、ただ一つの力だ。

高村　はい。

北海道ツアー最初の訪問地道東の大空町では大空高校で授業を行った。この高校は、二〇二一年北海道立の北海道女満別高等学校と大空町立の北海道東藻琴高等学校が統合され、町立の北海道大空高校として開学した。島根県の隠岐島前高校、高知県の嶺北高校などの改革を成功させてきた大辻雄介氏を校長に迎え道外からも生徒を多く集めている。

八日は大空町での本番。

九日は十勝、幕別町、糠内小中学校でモデル授業。私はこの町の「町友」ということになっていて、ほぼ毎年、どこかの学校で授業を行ってきた。糠内小学校は陸上の福島千里選手の母校で、それにちなんで廊下がちょうど一〇〇メートルになっている。ちなみに幕別町はスケートの髙木姉妹の出身地でもある。

一一日、幕別公演。

翌朝、私は本隊と離れて、車で道北の東川町へ。午後から教員対象のワークショップと、一般向けの講演会。東川町は写真甲子園を三〇年間続けてきた町だ。文化と教育に力を入れ、いまは人口減少にも歯止めがかかっている。

翌日は富良野。この日から北海道は大雪となった。雪の中だったが富良野公演は、ほぼ満席で終了。

翌一四日、私だけは富良野に残って富良野高校で生徒向けのワークショップと、教員向けの講演会。富良野市は豊岡市と並んで市内すべての小中学校で演劇教育を導入している。また富良野高校には演劇コースもあり、倉本聰氏が育てた富良野塾の卒業生たちが指導にあたっている。女満別空港で借りたレンタカーは、ここで返却し深夜ＪＲで札幌へ。

一五日、北海道の最終公演地江別。この日の公演の前後に、うちの劇団の演出部のメンバーのセクシャルハラスメントが発覚し対応に追われる。

一六日、劇団本隊を離れて私だけ帰京。近松門左衛門戯曲賞の審査会。そして一七日、約一〇日ぶりに豊岡に戻る。

一二月一八日、総合型選抜（旧ＡＯ入試）。こちらも高い倍率となり、二段階選抜、いわゆる足切りを行わざるを得なかった。まことに贅沢な悩みとなった。

岡山県奈義町　……二〇二三年一月

年末は二年目の児童劇団の稽古。

移住してから四回目の年末年始は、初めて東京往復もなく比較的のんびりと過ごせた。

二〇二三年一月六日から八日、昨年に続いてたじま児童劇団による『十五少年・少女漂流記』の上演。今年も六ステージが満席となった。

一月一三日、吉祥寺シアターで『日本文学盛衰史』初日。

一四、一五日は開学から二回目の共通テスト。

一月一九日、岡山県奈義町でのモデル授業。この数週間後、岸田文雄首相がこの町を訪れることになる。

奈義町は、二〇一九年に合計特殊出生率二・九五という驚異的な数字を記録した「奇跡の町」だ。私はこの町でも、八年にわたってモデル授業を実施し、教育と文化政策のお手伝いをしてきた。テレビのワイドショーでは子育ての支援金のことばかりが報道されるが、奈義の魅力は「生みやすさ」「育てやすさ」にある。

子育て支援施設「なぎチャイルドホーム」は、町の母親たちの憩いの場となっている。地域住民が保育士と共に当番制で子供の保育に当たる「自主保育サービス」などを無料で提供しているからだ。

文化政策にも力を入れてきた。奈義町は横仙歌舞伎と呼ばれる農村歌舞伎を守ってきて、小学校四年生は学校でも歌舞伎を体験する。それだけではなく希望すれば、幼稚園児から高校生まで歌舞伎か太鼓が週に一回無償で習える。人口約六〇〇〇人、町役場の職員は八〇名程度だが、そこに歌舞伎専門官が二名いて子どもたちの指導に当たる。彼等は普段は公民館の貸出業務などに従事しているが、松竹にも研修に行き、シーズンになれば歌舞伎に専念できる。

小学校四、六年生、中学校一年生には演劇的手法を使ったコミュニケーション教育も実施してきた。磯崎新建築の現代美術館と図書館もある。数年前、その隣の空いていた施設に、町が窯焼きピザ付きのイタリアンのレストランを誘致した。客の多い日には二時間待ちとなり、その待ち時間に美術館を訪れる人もいると聞く。

岡山県北の中心は人口約一〇万人(二〇二〇年)の津山市。しかし完全な車社会なので津山で働く人々は車で三〇分圏内ならば、どこに住んでも支障はない。結婚、出産、家を建てるといった機会に、多くの若い家族が近隣の奈義を選ぶようになった。３ＬＤＫ、家賃五万円の町営住宅も人気だ。そして奈義ならば、二人目、三人目を産もうという気になる。町営住宅に暮らす若い夫婦も、子どもが増えれば奈義に家を建てる。もちろん大きな自衛隊の駐屯地があるといった他の要素も忘れてはならない。これが合計特殊出生率増加のからくりだ。

しかし、これだけの成功を収めた奈義でさえ、政治の世界は平穏ではない。私が訪れた一月一九日は町長選挙の告示直前だった。

二週間後の二月五日に投開票された町長選では、現職の奥正親町長と、子育て支援に加えて高齢者福祉を公約に押し出す笠木義孝前町長が争い、わずか九五票差で現職が勝利する形となった。

この選挙戦では、子育て世代と高齢者の対立が鮮明になってしまった。

一部の報道では、現町長になって子育て支援への支出が加速したとある。しかし、私は前町長時代から町政のお手伝いをしているので、この指摘は大いに疑問だ。現在の子育て支援の路線を作ったのは笠木前町長なので、今回の「子育て世代対高齢者」という構図は選挙のために生み出された対立構造のように思えてならない。豊岡市長選の「演劇の町か子どもの医療費無償化か」といった無理な争点設定と酷似している。

たとえば選挙戦の中で問われた課題の一つは、新しい「認定こども園」の建設だった。現在、町に存在する幼稚園二園と保育園を統合し、町の中心部に大規模な「こども園」を創る。この建設費が計画段階の一二億円から二〇億円近くに高騰した。ガラス張りの斬新な設計の素晴らしいこども園なのだが、当然、選挙戦では「オシャレなこども園などいらない」「そんな贅沢をするなら、福祉に予算を回せ」という高齢者の声が出た。いや、それがどれだけの数なのかは、誰にもわからないのだが。

第一、こども園の構想自体は笠木前町長の時代からあったのだ。

私は奈義のすべての幼稚園、保育園を回ってきた。施設が老朽化していて建て替えは急務だ。おしゃれなこども園を作れば、またそれが話題となって外からも子育て世代を呼べることは、これまでの実績から見ても間違いない。

だが人々は、特に高齢者は「おしゃれ」や「センス」といった形のないものよりも現金給付を望む。冷静に考えれば町の発展のためにどちらがいいかは明確なのだが、投票の時にはそうはならない。

今回の選挙では、家族の中で親子げんかになったといった報道もあった。しかしこれは、眉唾だと私は思う。たしかに、そういった世帯もあったかもしれないが、おそらく少数だろう。子どもや孫の幸せを願わないおじいちゃん、おばあちゃんはいない。ただ笠木前町長と奥現町長では一回りほど違うので、当然支持者の年齢層も大きく異なる。小さな町なのでさまざまなしがらみもある。

問題の本質はそこではなかった。

奈義町への移住者はUターンだけではない。当然、子どもや孫が帰ってこなかった家も多い。子どものいない家庭もある。そういった世帯には、手厚い子育て支援は不公平に見えるだろう。自分だけが取り残された感覚も持つだろう。

たとえば豊岡に四年制大学が初めて出来て、さまざまな業種が恩恵を受けた。大学の教職員は必ず車を買うし、学生たちは自転車や家電製品を買う。ただし人口減少が激しいので、それらは現状維持でしかない。大学がなければ、もっと悲惨なことになっていたのが、かろうじて売り上げが横ばいになったに過ぎない。商店の経営者たちは、それでも恩恵を実感できるが、従業員たちのボーナスが増えるわけではない。トリクルダウンは起こらない。

高度経済成長期ならば、大学が出来る、演劇祭が成功し他所からも人が来るといった成功例で街が潤い、皆がそれを祝福することが出来た。しかしいまは、どんなに街が賑わっても、あるいは合計特殊出生率が上がっても、よくて現状維持なので、どうしても幸福を実感できない層がどこかに出てくる。

さらに問題なのは、成功例を作ると、そこに嫉妬や疎外感が生まれることだ。奈義町でも岸田総理が来て、全国からマスコミが殺到したことで、さらに寂しさを感じた人々もいると聞いた。成功すればするほど、賑わいを作れば作るほど、取り残された感覚を持つ人々が生まれる。ネット上ほどではないにしても、怨嗟の念は止まらない。日本社会全体が「成功してはダメ」という不思議な罰ゲームを受けているような状態だ。

驚くべきことに、二〇二一年四月の時点では、多くの豊岡市民は、豊岡市が多額の負担をして大学を開学したと思っていた。いや、いまもそう考えている市民は一定数いるだろう。

豊岡市は大学開設にあたって八億円の寄付と用地の無償提供を行った。しかしその八億円は総務省の地方特別交付税から出ている。土地買収費用は約五億二五〇〇万円。これは市の地域振興基金からの支出だが、やはりその三分の二は地方交付税の積立金を使っている。これらの交付金は、現金給付はもちろんのこと医療費無償化などの予算に回すことはきわめて難しい性格のものだ。

芸術文化観光専門職大学開学にあたっての豊岡市本体の負担は約一億七六〇〇万円。

一方、教職員や学生の移住によって、地方交付税は毎年五〇〇〇万円近く押し上げられる。豊岡市は、この点だけでもたった三年あまりで投下した資金を回収することになる。ただし、これも厳密に言えば、人口減でもっと減るはずだったところが補われたに過ぎない。

兵庫県の負担は建築費用だけで約七〇億円。その多くは地元企業が受注している。開学後も職員などの地元採用の雇用も生まれた。経済波及効果は直接消費だけで五億円と言われている。この点については、さすがに開学から三年が経ち、町に目に見えた変化が起こってきたので周辺住民の理解も深まったと思う。

大学の影響だけではないが、少しずつ豊岡の中心街に若者の姿が目立ってきた点は、この章の冒頭でも触れた通りだ。「アルバイトの質が上がった」「若いアイデアがまちづくりに生かされるようになった」といった声も聞く。

しかし、隅々までのトリクルダウンには、きわめて時間がかかる。しかも、そのトリクルダウンは実感の乏しいものになるかもしれない。道のりは長く険しい。

市長選後、市内の講演会でこういった数字を説明するたびに、「もっと早くきちんと説明してくれればよかったのに」という声も聞いた。しかし、これは難しい。選挙前、中貝前市長は大学誘致を業績の一つとして語ってきた。それは当然のことだろう。しかし、それを誇れば誇るほど、市民は豊岡市の税金を使って大学を誘致したのだと考えた。

上記のような数字の説明をしなかったわけではない。おそらく直接話を聞いた人は、その説明に納得もしただろう。しかしそれが伝聞として伝われば、他の多くの市民は「豊岡市ががんばって大学を誘致した」という骨格だけが頭に残ってしまう。演劇祭の成功も同様だ。功績を語れば語るほど、それは税金を多く使っているからという印象が残る。

民主主義は複雑だ。

学生による日仏合同公演　……二〇二三年二月から三月

一月二〇日、この日も午前中はモデル授業。午後、奈義町から伊丹空港に出て、車を置いて仙台へ。仙台空港でレンタカーを借りて、翌二一日は福島県の富岡へ。富岡演劇祭のシンポジウムに参加。仙台空港経由で伊丹にとって返し深夜、江原に戻る。

二二日。午前中は、たじま児童劇団の最終回。午後はお隣の京丹後市で教育フォーラム。そのまま近隣の与謝野町に泊まる。

二三日、朝から与謝野町の三河内小学校でモデル授業。山添藤真町長と会食後、大学に戻る。

翌二四日、午後から再度府県をまたいで、宮津市で教員対象の講演会。この日北近畿は大雪に見舞われ、行きは一時間だった道のりを、帰りは三時間かけて帰った。

演劇的手法を使ったコミュニケーション教育は、京都府北部にも確実に広がってきた。

二七日、兵庫県立大学明石キャンパスで看護の学生向けのワークショップと講義。

二八日、神戸市でモデル授業。新幹線で東京へ。

二九日、埼玉県富士見市でモデル授業。富士見は私が最初に芸術監督になった場所。

三〇日、三一日、学士会館で全国公立大学学長会議。午後、ＮＨＫでラジオ収録。新幹線で大阪へ。

二月一日、伊丹アイホールで『日本文学盛衰史』の舞台稽古。

二日、初日。

三日、枚方市でモデル授業。

四日、三木市で講演会。

五日、劇団より一足早く豊岡に戻る。

一二日、一般入試。これも昨年を上回る倍率となった。

二月も相変わらず忙しいが、少し余裕が出てきたので歯医者に行ったり、病院で検診を受けたり身体のメンテナンスにいそしむ。

二五日。子どもの保育園での発表会。息子はくじらの役だった。まだコロナで制限があり、父母のどちらか一人しか鑑賞できない。今年はたまたま私の時間が空いたので、初めて発表会を観ることが出来た。夕方、四回目のワクチン接種。

三月五日、一般入試Ｂ日程。本年は四つのすべての試験で、昨年を上回る倍率となった。試験終了後、飛行機で東京に出る。

六日、小池東京都知事とジェンダーギャップ解消についての対談。小池さんとは祖父の故郷赤穂の同郷で、比較的近い親戚にあたる。最近作ったという小池家の家系を辿るアルバムにも、私の祖父の写真が載っていた。この日は兵庫を出て東京都知事になった小池さんと、東京を出て兵庫の県立大学の学長になった私の久しぶりの対談となった。

七日、こまばアゴラ劇場でさまざまな事務処理。

八日、朝から羽田発の便でフランスへ。本当は七日の深夜便で出発する予定で、そのための東京滞在だったのだが、フランス国内のゼネストの影響で乗り継ぎ便が欠航となり、「このままではヒースローで一五時間ほど待つことになります」というメールが来たのが四日ほど前。そこで急遽旅程を変更して、この日の午前便となった。

ロンドン・ヒースロー空港での乗り継ぎは一〇年ぶりくらいだろうか。目的地リヨンに着いたのは夜の九時半。演出家のロアン・グットマンがリヨン・サン゠テグジュペリ空港まで迎えに来てくれた。

ロアンは三〇代の時に私の『S高原から』という作品をストラスブール国立劇場で演出し好評を得て、のちにやはりフランス北部のティヨンビルという町の国立演劇センターの芸術監督に就任する。就任してすぐに私に新作の依頼が来て、二人で日仏合同公演『別れの歌』を制作した。この作品は大ヒットとなり、フランス国中を三年かけて回り、一〇〇ステージ以上の上演を行った。

その後、しばらく交流が途絶えていたのだが、数年前にリヨン国立演劇学校(ENSATT)の校長になったので何かまた一緒に出来ないかと連絡が来た。最後に直接、対面で会ったのはコロナ以前の二〇一九年。そのあとはオンラインで会議を繰り返し、日仏の学生による合同公演の計画を練ってきた。

三〇代から四〇代に一緒に作品を創った盟友が、それぞれ五〇代半ばに高等教育機関の学長になり、また学生と作品を創る。これほどの喜びはない。今回の渡仏は、その打ち合わせと学生向けのレクチャーの開催が目的だった。

深夜、ホテルに入る。町中の高級ホテルでクローゼットのノブは星の王子さまがかたどられている。熱いシャワーを浴びて（高級ホテルだが、それでもバスタブはない）すぐに眠りにつく。

三月九日、ゆっくりと朝食をとり、滞っていたメールに返信をして、九時半にはロビーに集合。まずENSATTに着いて学内を見学。この学校は特にスタッフ養成に定評があり、たとえばフランスでいま活躍している多くの衣装デザイナーなどは多くがここの出身だと聞いた。衣装部門だけではなく舞台美術、照明なども、それぞれに大きな工房を持っている。

昼食は近くのレストランで学校の幹部職員とランチ。ENSATTは小高い丘の上にあって、リヨン市内が見下ろせる。そしてその向こうにはモンブランも見える。午後はがっつり三時間近く、戯曲コースの学生とのディスカッション。劇作家も少しずつ育っていると聞いた。夜は、今回のためにリヨンに集結したフランス在住の劇団員たち三人と会食。

翌日は午前中、少しゆっくりして、やはり大学の近くのカフェでランチ。午後、舞台美術系の学生の授業を見学しディスカッション。ちょうど人形（パペット）作りに取り組んでいるのでロボット演劇などについて話す。

そして夜は今回の日仏公演に参加を希望する学生たちに説明会。今回の企画は私の新作書き下ろし

『私はかもめ』を、ロアン・グットマンが演出する。両国の学生四名ずつが俳優として参加するほか、スタッフも双方から出し合って共同制作となる。

八月一九日にはフランスチームが来日して、豊岡に一カ月滞在する。上演は豊岡演劇祭で行い、翌週にはリヨンでも公演がある。開学三年目の大学にしては、少し背伸びをしたプロジェクトになったかもしれないが、本学の名前を全国に知らしめるのにはもっとも有効な企画だと思う。

翌日が早いので私はホテルに戻って、すぐに眠った。三月一一日は五時起き。タクシーでリヨン空港へ。八時二〇分リヨン空港発。行きと同じくヒースローで乗り継いで翌一二日の朝一〇時過ぎに羽田着。そこからさらに二本、国内線に乗って一週間ぶりに但馬に戻る。

翌日からは、また会議続きの毎日。

三月一八日。芸術文化観光専門職大学で文化政策学会開催。やはり関心が高く、一五〇名の参加者で会場があふれる。

一九日、中貝前市長が理事長を務める豊岡アートアクションのイベントに参加。中貝前市長は、特に演劇を使った認知症への対応などに関心が高くなっている。

二三日、劇団員の永井秀樹が大阪の福島に開業した聖天通劇場で『コントロールオフィサー』と『百メートル』の二本立て公演初日。小さな劇場なので早々にチケットは売り切れ。

二四日、芸術文化観光専門職大学と宝塚市との包括連携協定調印式。但馬以外の自治体とは初めての包括連携となる。すでに宝塚市では、二〇二二年度からすべての小学校に拡大して、演劇的手法を使ったコミュニケーション教育を実施している。

三〇日。一三時から学長記者会見。本学の教員によるセクシャルハラスメントならびにアカデミックハラスメントが発覚し、懲戒処分とした。生まれてはじめて謝罪会見というものを体験する。処分は懲戒三カ月だったが、該当の教員は三月三一日付で自主退職した。私自身は本件の報告を一二月に受けていて、この三カ月、対応に追われた。時間がかかっているように見えるが、大学としては異例と言えるほどの早い処分となった。苦い春になった。

都会の風

さて、この二〇二三年二月、福井県池田町の区長会が出した「池田暮らしの七か条」の条文が話題となった。以下、少し長いが引用する。

「池田暮らしの七か条」

池田町区長会

私達は、池田町の風土や人々に好感をもって移り住んでくれる方々を出迎えたいと思っています。しかし、池田町への思い込みや雰囲気だけで移り住まわれることには不安も感じています。移住者、地元民双方が「知らない、聞いてない」「こんなはずではなかった」などによる後悔や誤解からのトラブルを防ぎたいと思っています。

そこで、長く池田町で暮らし続けて頂くための心得や条件を「池田暮らしの七か条」として作成しました。ご理解をお願いいたします。

第1条　集落の一員であること、池田町民であることを自覚してください。

・総人口の少ない池田町ではありますが、私たちは三三の集落において相互扶助を土台に安全で豊かな共同社会を目指しています。

第2条　参加、出役を求められる地域行事の多さとともに、都市にはなかった面倒さの存在を自覚し協力してください。

・池田町の風景や生活環境の保全、祭りなどの文化の保存は、集落毎に行われる共同作業や集落独自の活動によって支えられています。共同して暮らす場を守るためにも参加協力ください。

・草刈り機は必需品です、回を重ね使い込むことで技術上達が図れます。

・このことを「面倒だ」「うっとうしい」と思う方は、池田暮らしは難しいです。

第3条　集落は小さな共同社会であり、支え合いの多くの習慣があることを理解してください。

・生活の基盤は集落であり、長い年月に渡って様々な行事や集まりを通して暮らしを支えてきました。

第4条　今までの自己価値観を押し付けないこと。また都会暮らしを地域に押し付けないよう心掛けてください。

・集落での生活は、ご近所などとの密な暮らしの日々があります。都市では見られなかったルールや仕組みもありますが、皆で折り合いを付けながら培ってきたものです。
・これまでの都市暮らしと違うからといって都会風を吹かさないよう心掛けてください。

第5条　プライバシーが無いと感じるお節介があること、また多くの人々の注目と品定めがなされていることを自覚してください。

・どのような地域でも、共同体の中に初顔の方が入ってくれば不安に感じるものであり「どんな人か、何をする人か、どうして池田に」と品定めされることは自然です。
・干渉、お節介と思われるかも知れませんが、仲間入りへの愛情表現とご理解ください。

第6条　集落や地域においての、濃い人間関係を積極的に楽しむ姿勢を持ってください。

・静かでのどかな池田町ならではの面白さとして、ご近所や色々な出会いの中での会話を楽しんでください。

第7条　時として自然は脅威となることを自覚してください。特に大雪は暮らしに多大な影響を与えることから、ご近所の助け合いを心掛けてください。

・池田町は二〇〇四年の福井豪雨災害で大きな被害を受けて以来、集落防災隊長を設置し地域防災力を高める取り組みを推進しています。
・また、池田町には「雪で争うな、春になれば恨みだけが残る」という教えがあります。積雪時、大雪時での譲り合い、助け合いを心掛けてください。

以上、共同する社会の豊かさの充実のため、ご理解ご協力ください。

読者の皆さんはどう思われるだろうか？　感想はさまざまだろうが、「気持ちはわかるけれど、もう少し言葉を選んだ方がいいのではないか」といったところが平均値かとも思う。特に話題になったのは、「都会風を吹かすな」という条文で、ここだけが一人歩きした感もある。

本文にもあるように、私が移住したのはＪＲ山陰本線江原駅の駅前、古くからの住宅地だ。地方ではあるが、きわだった山間地ではない。もちろん近所づきあいはある。「隣保」と呼ばれる組織があって、ゴミの集積所の管理などを行う。十数個の隣保が集まって数カ月に一度、近所の神社の掃除もある。私たち家族は、それを重荷に思ったことはないが、はたして周囲の皆さんはどう思っているか。特別扱いをしていただいていることは間違いない。

三度目の入学式　……二〇二三年四月

四月一日。朝九時半から入寮式の挨拶。希望に満ちた顔が並ぶ。

三日、神戸の県立大学で辞令交付。そのあと芸術文化観光専門職大学に戻って、私から新任教員に辞令交付。夜は学生向けに日仏企画についての説明会。

四日。芸術文化観光専門職大学第三期生入学式。今年の式辞は以下の通り（冒頭の部分は例年通りなので省略する）。

さて、今年は全国的にさくらの開花が早く、寮の裏手の山王公園の桜も、皆さんの入寮と同時に満開となりました。

この桜前線は、沖縄では一月中旬に開化が宣言され、そこから北上を続け、五月中旬に満開を迎える北海道まで、四カ月以上にわたり列島に花の便りをもたらします。

本学の誇りの一つは、全国から学生を集めている点にあります。わずか三年にして、この小さな大学に、北海道から沖縄まで、ほぼすべての都道府県からの入学者がありました。これは公立大学としては、極めて異例のことです。

寮の窓から桜を眺めて、「いまが満開なのか、寒い地方に来たんだな」と感じた学生もいるでしょう。「え、もう満開なの。やっぱり兵庫県は暖かいな」と感じた人もいるでしょう。一つの現象を見ても、人々が思い描く気持、感想は様々です。これが多様性です。そして皆さんには、この多様性を力として欲しいのです。

「多様性を力に」と言葉で言うのは簡単ですが、一筋縄ではいきません。多様性をそのままにしていては、ただバラバラなままで終わってしまいますね。

美しい桜を見て、それでも一人ひとりは違う感想を持つでしょう。それを「それはあなたの感想ですね」で済まさないでください。世界は、一人ひとりの感想、直感によってできています。その感想を、その想いをすりあわせることで社会が構成されます。

また、「多様性を力に」という言葉は、ただの観念や抽象論でもありません。なぜ桜前線の北上に四カ月もかかるのか。それは日本の国土の特殊性にあります。あまり知られていないことですが、日本は氷の海とサンゴ礁の海を併せ持つ、ただ二つの国の一つと言われています。もう一つの国はアメリカですが、ご承知のようにアメリカと日本では国の成り立ちが違いますから、古い歴史を持っている国では唯一、氷の海とサンゴの海を持った国と言ってもいいでしょう。

たしかにこの多様性は、観光業にとっては大きな宝です。しかしこの多様性は、やはりそのままではバラバラで、実際の集客には結びつきません。もちろん原理的には、三月に北海道でスキーを楽しみ、そのまま飛行機で沖縄に飛んで少し寒い海に飛び込むことも可能です。でもそんな観光客は、ほとんどいません。スキー客はスキー場に来るし、海水浴客は海水浴場に来るからです。

では、どうすれば多様性が力となるのでしょうか？　それは、北海道にスキーに来た方たちに、「沖縄にはきれいなサンゴの海があるらしいよ。今度は、夏にはそっちに行ってみようか」と思わせなくてなりません。逆も、またしかりです。国内で観光客を奪い合うのではなく、日本の観光業が一体となって「また来てみたくなる国」を作らなくてはなりません。

兵庫県もまた多様性の宝庫です。いま、ここには青森県出身の学生も山口県出身の学生もいますね。青森からてくてくと歩いて山口県に向かおうとすると、どこかで必ず兵庫県を通らなければなりません。こういう県は日本で兵庫県だけなのです。我が県は、瀬戸内海と日本海、あるいは太平洋も足すと三つの海を持った県と言われています。まさに日本の縮図です。但馬もまた同様です。たとえば、ここ豊岡市は、一つの市の中に関西有数のスキー場と海水浴場をともに有しています。

整理しましょう。

豊岡、但馬、そして兵庫県は、日本でもっとも多様性を持った地域です。そこに今日、八六名の多様性を持った学生が集まりました。

先に触れたように日本の観光業の最大の課題は、日本という国の多様性をどう力にしていくかです。この大学の立地が、いかにその課題解決に向いているか、いま皆さんにも理解できたかと思います。まず但馬を「また来たくなる地域」にすること。これはすぐに皆さんが授業の課題として取り組みます。次に兵庫県を「また来たくなる県」にすること。そして最後には日本を「また来たくなる国」にすることが皆さんの大きな課題となります。

二〇年後、三〇年後、日本が真の観光大国になったとき、本学の卒業生たちは全国、あるいは世界中で、その中枢を担うこととなるでしょう。その歴史と伝統を、皆さんと創っていきたいと思います。

さて、皆さんは今日、こうして喜びと希望の中にいますが、一方、世界は混沌とし、混迷の度合いを増しています。ちょうど一年前、昨年の入学式は、ロシアのウクライナ侵攻から一カ月という衝撃の中で迎えました。あれから一年が経ちましたが、戦争は終わる気配すらありません。観光とアートを学ぶ大学の学長として、一刻も早い平和の到来を願わずにはいられません。

これから話す事柄は重要なことなので、昨年の式辞とほぼ同じ内容となりますが、ご容赦ください。私が戦争の終結を強く願うのは、それが単に、観光もアートも平和あってこそのものだという点にとどまりません。

皆さんは、これから観光学の様々な講義や実習の中で、どうすれば多くの観光客を日本に呼び込み、どうやって経済波及効果を生み出すかを学びます。しかし観光は、ただ経済効果のためだけのものではありません。海外からたくさんの方に日本に来ていただき、日本の多様な文化に触れ、そして「日本というのは素晴らしい国だ、こんな国とは戦争をしてはいけない」と世界中の方々に思ってもらわなければなりません。

芸術も同様です。日本の芸術を海外に紹介するのは、日本人が何に悩み、何に苦しみ、何に喜んできたのかを世界の人々に伝えることに他なりません。

もちろん逆のことも言えるでしょう。皆さんはこれから留学や海外研修、そして演劇作品の共同制作などを通じて海外に出かけていくことになります。そこでは異なる文化を吸収し、様々な民族の歴史や価値観に触れることになるでしょう。そして世界中に多くの友を持つことになるでしょう。

軍事力や経済力といった目に見える力以外に、国家が行使し得る外交力のことを「ソフトパワー」と言います。観光と芸術は、日本が有する最大のソフトパワー、安全保障の一環です。

皆さんのこれからの学びの一つ一つが、皆さんの活動の一歩一歩が、世界平和に貢献するのだということを強く意識し、高い自負を持って勉学に励んでください。

観光や芸術では、残念ながら戦争を止めることは出来ません。しかし芸術には未来を想像する力があります。一年後か三年後か、できるだけ早く、誰にとっても得るところのないこの戦争が終わった時のことを想像してください。そして、さらにその数年後、豊岡演劇祭に、ロシアのアーティストとウクライナのアーティストがともに来日し、一緒に温泉につかる風景を思い浮かべてみましょう。そして皆さんが、彼等を共にもてなすイメージを強く持ってください。

その日を信じて、その日のために、私たちは芸術と観光を学びます。

先ほど私は、皆さんの課題は日本を「また来たくなる国」にすることだと言いました。しかし、本当の皆さんの課題はさらにその先にあります。世界中の人々が、いまは戦場にいる人々も、いまは貧しい地域に暮らす人々も、観光や芸術を楽しむ社会を作らなければなりません。すべての人々が、銃を担いで他国を侵略するのではなく、カメラやオペラグラスや、あるいは野球のバットやサッカーボールを持って自由に国境を越えられる世界を作らなければなりません。皆さん一人ひとりに、そのような未来の構築を担って欲しいと願います。

あらためて、入学おめでとうございます。

そして、この新しく小さな大学を勇気を持って選んでくれたことに感謝します。

ここにいる新しい友と、まだ先輩であることにすら慣れていない一期生、二期生と、すべての教職員と、そしてやがて世界からやってくるまだ見ぬ友人たちと、多様性を力として、この大学の未来と伝統を作っていきましょう。

皆さんを心から歓迎します。

令和五年四月四日

芸術文化観光専門職大学　学長　平田オリザ

四月五日。新入生オリエンテーション挨拶。新入生たちは私の話を四日で三回聞くことになる。JRで東京へ。『ソウル市民』アゴラ公演の舞台稽古。

六日、『ソウル市民』ゲネプロ。

七日、『ソウル市民』初日。高橋源一郎さんのラジオ番組『飛ぶ教室』出演。

八日、但馬に戻る。この日から大学では日仏合同公演『私はかもめ』のオーディション開始。

九日、引き続きオーディション。

一〇日、新一年生の授業開始。今学期は四月に私の講義が集中する。この日、新作戯曲『私はかもめ』脱稿。すぐに翻訳者に送付。

一四日、オンラインでバイオリニストの庄司紗矢香さんとミーティング。今年の豊岡演劇祭では、世界最高峰のバイオリニスト庄司紗矢香とフランスのモディリアーニ・カルテットが演奏するエルネスト・ショーソンの『ヴァイオリン、ピアノと弦楽四重奏のための協奏曲』に私が台詞をつけて上演することになっている。

一五日。学内オーディション終了。

一六日、神戸で教員採用審査。

一七日、学術会議にオンライン出席。

四月二九日、三〇日、志賀廣太郎、大塚洋のお別れ会。西島秀俊さんなど、多数の共演者の皆さんが訪れてくださる。

以下、当日のご案内の文章。


本日は、志賀廣太郎、大塚洋のお別れ会にご列席いただきありがとうございます。

私たち青年団員は、コロナ禍の中、大事な二人のメンバーを相次いで失いました。

他の多くの方もそうであったように、看取りもお見送りもままならないなか、悔しい時間が続きました。このお別れの会も何度も計画をしながら、開催にはここまで時間がかかってしまいました。

このたび、ご遺族の皆様の多大な協力のもと、やっとこの日を迎えることが出来ました。

二人が何度も出演した『ソウル市民』アゴラ公演の直後に、この会を開けることを誇りに思います。

他のメディアや教育の世界でも活躍しながら、何より生の舞台が好きだった二人にとってふさわしいお別れの会にできればと、劇団員一同でここまで準備をして参りました。

狭い会場、まだまだ感染予防にも気を遣わなければならないなか、短い時間ではございますが、どうか故人を偲び、演劇の復興を共に祈っていただければ幸いです。

志賀と大塚の最後の舞台になります。笑顔でお見送りいただければと願います。

劇団青年団　代表　平田オリザ

日々の暮らし　……二〇二三年五月から七月

今年のゴールデンウィークは暦の関係で、五月一日、二日も授業があった。三日から七日までの五日間は、ほとんど子どものために使った。

五月三日。初めて二人でプールに行った。五歳の息子は、移住してすぐからスイミングスクールに通っているので、ほぼほぼ泳げるようになった。午後、ご近所の方がアオダイショウを捕まえたので、家族みんなで見に行く。

四日、お隣の一歳上の女の子とうちの息子を連れて植村直己冒険館へ。巨大遊具施設「どんぐりbase」のボルダリングやトランポリンで午前中いっぱい遊ぶ。午後はコロナ禍の経営悪化からリニューアルがなった豊岡劇場で『きかんしゃトーマス』を鑑賞。

五日、自転車の練習。家族でカードゲーム。神経衰弱はお母さんに勝てるようになった。

六日もひたすら自転車の練習。いまは便利な道具が出来ていて、自転車に金属製の取っ手を取り付けると荷台を押さなくても、すなわち腰をかがめなくても子どもの自転車の練習に付き合うことが出来る。部屋いっぱいに、巨大なプラレールも作った。これは元々祖父母に買ってもらったプラレールセットに、やはり隣家の男の子たちから大量のレールや車両をもらい受けたものだ。これも私が子どもの頃からは数十倍進化していて、立体交差や遠隔操縦を楽しめるようになっている。

七日の日曜日は大学に出勤して残務。そして年に数回の学長室開放デー。学生たちが代わる代わる訪れてくる。

八日、『私はかもめ』キックオフミーティング。

一〇日から一四日まで、『ソウル市民』札幌公演に帯同。

五月、六月は主に週の前半は大学で授業や会議、週末は出張という日々が続く。他大学での講義、高校での講演会、小中学校でのコミュニケーション教育の授業、学会での基調講演、兵庫県内の高齢者大学での授業、会議、会議、取材、取材、対談、財界のセミナーでの公演、官庁での研修会、『私はかもめ』の打ち合わせ……。この間、常磐線舞台芸術祭のために、福島にも二回往復した。

六月二四日、二五日はフランスの出演者たちとの初のオンライン稽古。たしかな手応えをつかむ。またまた会議、会議、講演、取材。

七月一二日。私の小説が原作の舞台『幕が上がる』、池袋のサンシャイン劇場で初日。主演は日向坂46の二人。終演後、新幹線に飛び乗って名古屋へ。

一三日早朝、枚方市に移動。午前中、小学校で授業。午後、オンライン会議三つ。

一四日、午前中オンライン取材を一本受けてから、ふたたび東京へ。『幕が上がる』二度目の観劇。

一五日、早朝、飛行機で但馬に戻る。午前中、たじま児童劇団のお試しワークショップ。午後、常磐線舞台芸術祭に参加する『阿房列車』の稽古。そして学術会議の部会にオンライン参加。

一六日、引き続き学術会議の臨時総会にオンライン参加。相変わらず議論百出。そして大学ではオープンキャンパス。五〇〇人以上の人で賑わう。キッチンカーも出て大盛況だった。私は三〇分の模擬授業を四コマ担当。夕方、江原河畔劇場に戻って『阿房列車』の稽古。

一七日、子どものために朝から庭でプールの準備。ここ数日、豊岡は三五度を超えている。私は終日、市民プラザでの中高生対象のワークショップ。

一八日、公用車で神戸往復。県庁にて法人評価委員会出席。

こうして日常は果てしなく続いていく。大学の講義も、アイドルとの仕事も、さまざまな会議も、演劇の稽古も、私にとってはすべて日常で、ただ、それを黙々とこなしていく。あと何年、体力が持つかはわからないけれど、まだ道は半ばだ。

日本の人口減少は止まらない。東京への一極集中も、さらに加速するかもしれない。しかしここ但馬に、演劇による小さな成功例を作って、その止められない大きな流れに一矢報いたい。私たちは都会風を吹かせるつもりはないけれど、ここ豊岡に世界の風を吹かせて、その風で小さな風穴を開けるのだ。その小さな穴から、爽やかな風が日本中に届くことを信じて、この長い日記の筆を擱きたいと思う。

本書は『世界』(岩波書店)連載「但馬日記」(二〇一九年五月号〜二〇二一年七月号)に補筆し、書き下ろしを加えて構成した。

平田オリザ
劇作家，演出家，芸術文化観光専門職大学学長．劇団「青年団」主宰．江原河畔劇場・こまばアゴラ劇場芸術総監督．1995年『東京ノート』で第39回岸田國士戯曲賞受賞．2002年日韓国民交流記念事業『その河をこえて，五月』で第2回朝日舞台芸術賞グランプリ受賞．ほか受賞多数．2011年フランス文化通信省より芸術文化勲章シュヴァリエを受勲．主著に『芸術立国論』(集英社)，『わかりあえないことから』(講談社)，『演劇のことば』『新しい広場をつくる』(いずれも岩波書店)など．小説に『幕が上がる』(講談社，2015年映画化)．

但馬《たじま》日記　演劇は町を変えたか

2023年9月12日　第1刷発行

著　者　平田《ひらた》オリザ

発行者　坂本政謙

発行所　株式会社 岩波書店
〒101-8002 東京都千代田区一ツ橋 2-5-5
電話案内 03-5210-4000
https://www.iwanami.co.jp/

印刷・三秀舎　製本・牧製本

ISBN 978-4-00-061608-9　　Printed in Japan